Mer- Ka- Ba

Gaspar Pagan Chévere

Gasparpagan1945@gmail.com

Una actualización de Pruebas al libro

Cabala Mistica

Derechos reservados

Impreso en Estados Unidos de América

Prohibida la reproducción total o parcial de esta obra- por cualquier método sea Electrónico, neánico o cualquier método informático. Bajo la protección de la ley dentro de los limites establecidos.

Gaspar (Edwin) Pagan

Titulo: Mer- Ka- Ba

ISBN-13:978-0615659152

ISBN-10: 0615659152

Mer— Ka— Ba

Dedicado a mi querida esposa
Lydia Cabreras Pelulleras A mis hijos Adil - Kryzia - Edwin- A mis nietos Joshua- Amraphel- Paola- Alexander-Félix
Junio 22, 2012

Dedicado a las mentes de aquello místicos que preservaron un conocimiento para la posteridad.

A los grandes descubrimientos que dan paso a la libertad de la mente humana.

A los sinceros buscadores de la verdad, para que la transmitan a generaciones futuras.

Y en especial aquellos que brindaron sus vidas para que este legado llegara a nuestra epoca, intacto. Donde cada ser aporte su saber para los buscadores.

Gaspar Pagan chévere

22 de Junio, 20

Mer— Ka— Ba

Índice de contenido:
I- Conocer el origen de la vida
I — Orígenes de la vida
II — Nuestro Interior
III — Orígenes de la vida
IV — La ley de la creación
V — Mi propia iniciación
VI — El secreto
VII — Reencarnación:
VIII — Pruebas Científicas de la evolución
IX — Las emanaciones del Reino original
X — La herencia humana en la evolución
XI — La creación en el agua salada
XII — Efectos de la ionización del sodio y el Potasio.
XIII — Claude Allegre
XIV — La edad heroica de la espectroscopía
XV — Descubrimiento de la NASA
XVI — Nostradamus:
XVII — Los egipcios

Mer— Ka— Ba

Prefacio:

La magia de la imaginación crea en la mente de los seres las más excelsas pinturas reales o irreales, palacios y castillos y todo lo que se pueda crear en una nube imaginaria, el ser lo puede reflejar a la realidad y plasmar en la mente de los demás seres y su imaginación, un mundo salido de la irrealidad. Es tan potente ese legado divino y a veces no divino, que lo mismo crea dioses que demonios en nuestro interior. A traves de ella se viaja a los confines del universo o se queda uno atrapado en un mundo sin salida por las barreras que el ser se impone. Fabricamos sueños, pesadillas en nuestro caminar por ese pequeño espacio de tiempo, que nos dio la libertad de escoger nuestro ser para la felicidad o la condenación propia.

La historia real o ficticia que se ha acumulado por los medios y gobiernos nos induce a viajar acorde a la nación o territorio donde nuestra alma ose aparecerse como un niño nuevo. Desde ese instante empezamos un entrenamiento por una mente que ya ha sido entrenada por las durezas o liviandades de la vida. Nos someten a una rutina de entrenamiento y muchas veces se nos sale el alma por los poros pero nos la devuelven al interior por que no es de la capacidad a la que nos tenemos que amoldar.

Mer— Ka— Ba

Si supieran que dentro de cada ser existe un mundo individual atado a un libre escoger por la propia naturaleza divina que nos genero como raza humana, si esto fuera comprendido la libertad de crear un mundo nuevo en nuestro interior seria el mayor legado a la humanidad. Inclusive en las escuelas los niños se aburren por que su interior no se adapta a los viejos sistemas de enseñanza. En mi escuela recuerdo que me daban clases de los animales de la finca.

Nunca les pues mucha atención porque todos los días tenia que estar y compartir las labores de relacionarme con ellos donde me criaron. Al ver la poca realidad de las enseñanzas se hacia tiempo perdido para mi, mientras la mente divagaba por las pesadillas que me acompañaban des de niño. Me llamaba más la atención un alto árbol de pino que quedaba detrás del salón, donde observaba en la altura como una energía se desprendía de su cúpula y se elevaba a las alturas como hebras de plata y se disolvían en el aire. Ese fenómeno mañanero se repetía con la humedad de la mañana y era real. Esa experiencia me produjo más conocimiento que las clases del salón, una noción que todavía llevo en mis recuerdos tan vivida como las veces que observe por largo tiempo ese fenómeno.

Mer- Ka- Ba

Energía- Cuerpo- Alma

Los egipcios y otras razas estuvieron imbuíos de un conocimiento que abarcaba nuestra creación interna. Los cambios territoriales y culturales apagaron ese ritmo de expresión de una noción que era y es la base del crecimiento espiritual de la raza humana. Mientras se fueron borrando esas nociones se fue apagando el legado y el adelanto espiritual de los seres creados.

Recuadro

Expresado en este grabado antiguo esta documentado uno de los principios de ese conocimiento. La entrada y salida del alma al cuerpo humano. El Pájaro BA-(Alma); Ka Espíritu o cuerpo)

Mer— Ka— Ba

Los dos principios reunidos en el cuerpo ponían en movimiento la energía (Mer) en este plano terrenal. El cuerpo de pie significa el (Ka) cuerpo, el ave, la figura con cuerpo de pájaro y cabeza de humano– en esta etapa el Ka abandona el cuerpo hacia el inframundo, luego abajo el mismo ser o alma regresa de nuevo al Ka donde el sol oscuro representa el retorno de el BA- al Ka y surge el Mer-Energía en el cuerpo animado, retornando a la vida. Es un grabado que recrea el principio de Reencarnación.
Lo ritos de este legado antiguo son expuestos en el estudio de la Dra. Kristein Neiling, en un estudio para la NASA. Más adelante doy un breve resumen de ese principio- una de las claves de la armonía interna en el ser.

Nos concentramos en la vida, en nuestros centros de manifestación externos o materiales. La mayoría desconoce el potencial que poseemos en nuestro interior. Una fuerza oculta que emana de los seres humanos y los capacita para emerger en un conocimiento superior, la alquimia interior y la magia de del MER KA BA. La experiencia de penetrar los secretos de la creación de la vida de los seres en sus cuerpos presentes en este plano. Esa magia que nos mantiene dentro de una imaginación de procesos internos y las leyes que los causan y dan a conocer internamente para luego traerlos a la realidad. La estructura celular en el cuerpo tiene un espectro energético individual y cada una establece su estructura de acuerdo a la función para la que fue creada. El área donde se ubica en el funcionamiento de un cuerpo obedece a sus características y funciones individuales. Forman un conglomerado con las otras células y dan la cohesión de su total contención al ente o cuerpo.

Penetrar ese escenario donde todo tuvo su origen es uno de los más fascinantes descubrimientos para motivar la investigación de los procesos que se dan dentro de cada ser creado. El remontar nuestra memoria y detenernos en las creaciones de culturas ancestrales nos llevan a meditar en sus legados místicos y espirituales.
Esto nos proporciona una diversidad de caminos hacia la comprensión de un mundo místico que esta sujeto a las leyes spirituals y materiales de dios en el hombre y la naturaleza. Al contemplar y medir sus declaraciones, nos llevan a darnos cuenta que sus convicciones estaban orientadas hacia las leyes universales de la creación, las cuales servían de guía a su forma de relacionarse y existir como sociedad. A esos fines dedicaban sus vidas, leyes y creaciones, en sus experiencias de invasiones a su territorio, hacían estatuas colosales, difíciles de destruir además de grabar sus conceptos para la posteridad y declaraciones de sus grabados en cámaras secretas.

Mer— Ka— Ba

Los conceptos de la inmortalidad del alma y la rencarnación, abren un universo de posibilidades de interpretación y de ilusión para los místicos buscadores de la verdad y los no místicos que quieren buscar un entendimiento a sus atributos de existencia. Estos términos se aplican a leyes físicas que gobiernan el proceso físico del ser y las energías que componen el mismo universo y sus leyes.

El ser solo es un ente creado de acuerdo a esas leyes, el poder internalizar ese conocimiento lo hacen más consciente de su potencial de vida y sabiduría para dar una certeza a su vida y la relación con los demás seres, el universo interior y exterior. El poder realizar que nuestro cuerpo es un templo de creaciones físicas que albergan los procesos mas desconocidos por los seres humanos, la ciencia poco a poco va penetrando eso misterios, pero por lo general los enfocan en su forma material. Sería importante que las voces interiores de los conocimientos de civilizaciones superiores en conceptos de la vida espiritual, nos hayan dejado un legado de ritos y realidades en el que su vida estaba inmersa. Nos sorprenderá que cuando los investigadores modernos se detienen a analizar el proceso se dan cuenta, de que adelantados estaban en sus observaciones.

En este escrito tratare de guiar la mente de los buscadores a los procesos internos desconocidos para muchos.

Mer— Ka— Ba

I – Conocer el origen de la vida

Corona:

El proceso de emanaciones desde la corona al reino pasando por las etapas de creación y evolución, donde la energía divina construyo en el ser sus habitáculos para manifestar su actuación en concordancia con la materia y la divina fuerza creadora. Según es arriba es abajo, un complemento perfecto para la manifestación en este plano terrenal, dejando un vacío en la energía que lo creo. Ese espacio de contención que fluyo por algun fenómeno de atracción y enamorada de los efluvios de energía par que pariera la materia en la que se estaría dando a conocer. El mismo que en alguna etapa debe regresar a ese espacio.

En el cuerpo humano tenemos los componentes que heredamos por la construcción de nuestro cuerpo, la realidad que vivimos y contemplamos es algo que solo se manifestó, el ser simplemente se conformo y tomo conciencia de lo que es y sus atributos, reaccionamos a los legados de esa fuerza creadora. Su forma de actuar y darnos a conocer su realidad es la única que conocemos, externamente en un estado material. Sí solo contemplamos sus estructuras y nos relacionamos con los procesos físicos, habremos evitado internalizar sus verdaderos propósitos de creación y su potencial al que podemos tener acceso. Es un conocimiento de sus verdaderas funciones, en adición a sus procesos desconocidos para muchos seres. Nos sorprenderá que adelanto existiera en las civilizaciones antiguas y de volverlo a estudiar en sus méritos nos dará la verdad sobre ellos. La corona (Keter) seria el primer habitáculo donde se formo el centro de control del resto del ser físico, el tálamo en el cerebro.

Según se nos describe el génesis el proceso debe se algo como sigue, pues ese fue el concepto de los primeros que trataron de explicarlos.

El espíritu que contenía la energía primaria de la creación se movía en las (o sobre) las aguas y fue penetrada por la fuente divina luz-energía, vibrando de superior escala, de derecha a izquierda, de izquierda a derecha, de arriba y de abajo, la energía que causo el primer efecto en la materia que ya estaba creada. La Ovogénesis se formo en el agua salada con los atributos femeninos en la materia que se concentro de las energías que viajaron y se concentraron en el planeta por eones de tiempo. Si se toma esto como un surgir de repente seria declarar las mismas leyes de creación como un fenómeno fuera de la creación. Si los periodos de tiempo fueron siete días, el ser consiente tiene que intuir que es una forma de dar a conocer un legado mítico, si se

Mer— Ka— Ba

tomaron siete periodos o eones de tiempo no se puede asumir por días de 24 horas, sino etapas de creación, luego evoluciono todo lo creado. Aunque no se acepte por los exegetas, le haría justicia a los que buscan entender a su padre.

Las ondulaciones de energía que viaja con las características de materia reunía sus fuerzas en el centro de su ser o vibración de control, vibró junto con la luz-energía se movía por impulsos de atracción hacia la fuente que la proyecto por su propia naturaleza, rebotó por reflejo hacia el exterior, fue atraída hacia el interior formando un triángulo de esa combinación que fue atrapado en las paredes de las ondulaciones de vibración en el, o la primera noción de la energía circular en el ser. La percepción desde un mundo material hacia un mundo espiritual (energía) combinada con la materia que no tenía hasta ese momento noción de capacidad de tiempo espacio y se conformo lo que seria el cuerpo, de esa combinación, surge el alma como una vibración extendida de la mente divina.

Penetro la primera membrana que conformo la materia, en su movimiento, fue repelido por la repulsión del movimiento del caos primario-, pero la fuerza de atracción la devolvió a la matriz de la primera membrana que se formo fuera de su alcance, y la fecundo; de ahí nació la fuerza trina del amor, el interactuar, la armonía y por involución (Un universo

Mer— Ka— Ba

en miniatura, la fuerza central) de esa armonía cósmica nació el primer efluvio de una sinfonía cósmica que creo el primer verbo de la creación. La materia al reaccionar a las cualidades que le dan forma y la hacen real con atributos fijos y sus agregados. La que se renueva por etapas y atrae características del ambiente y gradúa unos elementos en su haber por atracción. Estos elementos han viajado desde el principio del universo hasta el planeta tierra y se han agrupado de acuerdo a sus grupos de propiedades de composición, y están catalogados en una tabla periódica que se actualiza de acuerdo a los nuevos elementos descubiertos hasta el presente. Por otra parte lo que conocemos como ADN se desarrollo desde que surgió la materia y su creación.

Sus cadenas consecutivas ni las propiedades que conformaron lo creado en un principio, no han cambiado desde entonces. Los elementos que conforman los diferentes tipos de formaciones en el planeta, tienen en sí un número específico de elementos que le dan presencia y distinción unos de otros en sus formas físicas de acuerdo a los reinos que pertenezcan. Pero han sido creados por agregados de otras materias y una necesidad de superar etapas de evolucion. Los componentes del cuerpo humano y el plasma de la sangre humana, están dotados de **118 elementos de la escala periódica, y se**

ha corroborado que esos elementos están todos contenidos en el agua salada.
Esta combinación surge de la armonía entre las dos fuerzas que se entrelazaron en el primer huevo de la creación, y sus reacciones duraron eones de tiempo hasta la formación del ser humano como se conoce hoy en dia y se origino en el agua salada.

El verbo (la primera ley que completo el triángulo de la primera manifestación divina en la materia, el ser) —padre-madre (Con las dos potencias Humanas)— creó la dimensión que faltaba, la divina manifestación de la energía primaria interactuando con las vibraciones de la mente infinita, el cual tomó conciencia de si mismo, en su primera manifestación, surgieron las dimensiones materiales del ser, la dimensión que dio forma a una manifestación que a la vez reflejo su presencia y surgió la percepción creadora.
Donde no existía antes esta noción de existencia, fue vomitada hacia la manifestación material donde empezó el interactuar de la divinidad y el ser creado, alto, bajo; luz y oscuridad; derecha, izquierda; las nociones de las divisiones que graduaron las energías para dar la primera mente activa a la energía creadora y al expresarse a si misma se degrado al punto de darse a conocer y hacerse consiente de si misma pero en una dimensión nunca manifestada. La noción de la vida antes de la muerte, las emanaciones

y las emociones y las pasiones que producen en una conciencia recién creada disfrutar las primeras emanaciones de Dios en el universo, se acaba de manifestar, hombre-mujer contenidos en un mismo huevo.

Al ser el primero penetrado por la energía que viajo de algun confín del universo y se manifestó como la parte masculina en el agua salada donde él huevo ya estaba creado y ser recíprocos de su emanación. Como un radar que devuelve la misma señal que es recibida con el consabido reflejo de su contra parte que se unen para crear. De acuerdo a la necesidad y la escala armónica necesaria para interactuar de acuerdo a la cualidad de la materia que ejercía una capacidad de atracción era la sutileza de la energía que viajaba a ese compromiso de creación.

En este mundo análogo de reunión de fuerzas ya unidas por evolucion de la fuerza primaria y el interactuar y las necesidades de seguir un patrón hacia las manifestaciones ya creadas, como una voluta o duplicado de la primera, pero en una dimensión distante de su centro original y donde las características diferían en ondas de luz y refracción. El desbalance de cualidades de atracción y repulsión y una necesidad ya manifestada de la pasión por seguir proyectándose a cosas nuevas, desconocidas que eran un patrimonio nuevo de la energía primaria, que le fue atractiva y reunió una armonía en su progenitora. Como el vientre de una madre al parir una nueva criatura y algun tipo de energía de emoción la sedujo para seguir un patrón de conducta, como el que se manifiesta en una nueva flor y su fragancia.

Sin darme cuenta abrí las puertas para el desarrollo místico de la antigua sabiduría, que envuelve los aspectos que se despertaron en mi ser dormidos por milenios en la conciencia que se armonizo con ellos en un rasgón de energías que unieron el mundo abstracto, la frontera del no ser con el ser, la conciencia con el mundo de la expresión física y en una especie de iniciación mística un sentir que abrió el canal donde muchos místicos han sido tocados con ese eslabón que subyace mas allá de la realidad humana. Entrar en contacto con esa sublime fuerza creadora que desvela el otro lado de la creación el portal donde se cruza al otro lado de la luz.

De alguna antigua escuela de los misterios para los iniciados se guardo este rito revelado o atraído de la mente universal. El despertar de ese subconsciente que lo abarca todo como relámpagos que se apagan y se pierde en el más remoto rincón de la memoria. Un torrente de energía bloqueaba, de momento la fuerza racional de la materia me transportaba como un epiléptico al mundo de la irracionalidad donde lo

Mer— Ka— Ba

espiritual se confunde con lo real y da una vaga noción de los mundos de la creación interna desde que el ser tomo conciencia de la creación divina y las energías que dan origen y fluctuaciones a esas rutas de desarrollo de lo universal, una visión abarcadora de los fenómenos que nos rodean.

Mundos que han sido penetrados por muchos buscadores y seres inspirados por nuestro padre dios altísimo creador, el infinito logos del universo. La inspiración de Jesus, Mahoma, Buda, Ala y otros tantos místicos que se sorprendieron al trascender ese umbral y entrar en una etapa de iluminación al igual que muchos que le precedieron. Su reacción fue salir a buscar a quien comunicar tan grande nueva. Dios creo el universo, los reinos materiales y por ultimo el ser, al que doto de sus más grandes riquezas espirituales. El mayor secreto es que fue su ultima creación y deposito en el su mayor tesoro, el reino de los cielos, el reino de la luz interior, un universo en miniatura semejante al gran universo. Donde todas las leyes están contenidas como en la mente divina.

La palabra perdida, el verbo de la creación, el Grial (de la creación) que contiene el verdadero nombre de Dios padre-madre y todos los nombres de la creación, el no ser antes de hacerse real. Este eslabón perdido y difuminado, mimetizado en la conciencia del ser, donde fue grabado por primera vez en el Tálamo, la matriz de Dios que se engendró a sí

Mer— Ka— Ba

misma desde el primer efluvio de evolución, donde se recreó el padre-madre, del cual su nombre no puede ser pronunciado, que procede de la luz de las alturas y el padre del silencio. La luz de la palabra, radiación de las potencias divinas hacia la tierra, auto engendrado, imposible de ser captado por la mente humana. Donde la luz no puede ser creada por la luz, el ser no puede descifrar al ser, la vibración que puso en movimiento la primera ley. Donde su dualidad creó el vacío de las manifestaciones y fue movimiento y reposo, al dividirse creció y se multiplicó, concentrando las fuerzas de los contrarios en el centro.

Al ser dual, padre-madre, y al concentrar sus fuerzas en el centro, surge el hijo del movimiento y reposo, la ley del triángulo que domina toda manifestación humana. Surge el ser que es el único que agrada a dios y se da cuenta de su ser, que al interactuar se desvanece de su primera esencia pero no pierde su cualidad creadora, el amor a la armonía a la nueva dimensión divina como una borrachera de la divinidad al crear.

Nota— Estos atributos internos de la creación en el ser es un proceso místico alquímico pero obedeciendo leyes físicas científicas demostrables, las cuales abordare más adelante para que se pueda entender este proceso. Este relato es una visualización interna de los procesos divinos, es un conocimiento personal, no creo que alguna mente lo haya contemplado de esta forma, solo los que se adentraron en el principio del génesis para dar una versión creíble a los seres de ese tiempo.

Este relato tiene un matiz de respeto a las creencias de los seres que no tienen un bagaje cultural de estos temas, pues se basan en las leyes divinas de la creación. Los conceptos de los demás seres que han madurado de acuerdo a las prácticas comunes de religión y de conceptos aceptados deben enfocarse en su ser interno para rescatar su verdad con libertad de escoger.

La mente del creador es el lugar donde estuvo contenido desde un principio; emano hacia el ser creado por amor. En el ser se mantiene dormido y enterrado bajo miles de capas de creaciones y bajo el libre albedrío, la fuerza de la libertad de escoger y de nociones a veces erráticas, la conciencia humana ha desviado la conexión con lo divino y se desconecto con lo etéreo y lo inmediato, lo material el ego se apodero de su conciencia. La falta de uso de la intuición, lo ha sepultado en el más remoto rincón de la memoria. Tenemos el poder de despertarlo, pero los verdaderos senderos, la correcta iluminación para atraer esa fuerza hacia nosotros en su estado original no se han perdido pero se ha convertido en una sombra oscura de nuestra conciencia.

Mer— Ka— Ba

El secreto que dominaron los alquimistas que trataron de enunciar esos principios a los seres mas adelantados y cada dia han sido alejados por el ego material de los mismos seres, la incomprensión la falta de orientación hacia lo que verdaderamente somos en realidad, la unión de los opuestos de energía, pura luz y oscuridad, en la cámara nupcial, el lugar sagrado que está contenido en el ser, la semilla de la creación.

Nota— La cámara nupcial es el nombre que da Jesus al Tálamo y se menciona en el evangelio escondido de Felipe, Hermano de Jesus. (Ver libro "El don del espíritu Santo" Amazon, Bajo esta misma colección de escritos)

Il- La Ley de la creación

1- Las mansiones del alma y la dimensión interior

Por declaraciones para los primeros filósofos asumen, un Dios creador que por medio del verbo creaba en la materia y en el ser humano las manifestaciones que combinaban la luz de las alturas con la materia formada en el reino de la tierra que es el único en que se podía conceptuar o imaginar los fenómenos que se manifiestan en la proyección hacia la tierra y los reinos creados.

Mer— Ka— Ba

El principal motivo del estudio es el ser humano y la forma en que fue creado y como funciona la maestría divina de sus leyes en el ser.

Fenómenos que describo en este sistema de interiorizar la divina emanación de dios en los laberintos de la conciencia humana y sus atributos que abarcan el logos personal y colectivo. Descender desde las esferas de luz que animaron al ser hasta la materia que comunica la corona con el reino. Luego de una etapa de manifestación y maduración, la inversión del proceso donde la energía de la luz retorna al reino para su regeneración y entra en una etapa de suspenso hasta que su tiempo de la ley se cumpla y regrese a una nueva criatura redimido al momento de nacer. Doy aquí un fluir que describe ese camino interior y todo lo que acontece cuando las emanaciones interactúan con la mente consciente del ser creado.

III — MI propia iniciación

Descendí a los infiernos interiores del hombre, mi propio ser con todos mis atributos. Desate las pruebas de un alma en decadencia, vi cómo se superaba y como empezaba a brillar su luz con propiedad, su esencia se alejaba de la presencia material. Su interior cada día se iluminaba más y opacaba su propio ser mientras regresaba a un estado

Mer— Ka— Ba

adonde ceso su adelanto, desviado por razones que empañaron su comprensión. Conocía ese camino y lo seguí, y al volver a los senderos se bifurcaban ante mí, no tenía idea al principio hacia donde el tornaría su rumbo, el mismo que yo tendría que seguir para conocer el don de los elegidos, la sabiduría de los adeptos la iluminación interior a la que mi ser guiaba mis ansias de saber y conocer.

Era solo otro ilusionado ser, que buscaba el camino, el sendero y saltar emociones para luego conocer la derrota, las inclinaciones internas la duda la falta de certeza de lo que se persigue. Se nubla el entendimiento y si se busca en los legados inmateriales se pierde a veces el sendero aunque se crea seguro. Andar sobre aguas cristalinas sin ver el velo que sustenta el alma. Palpar el hambre de saberse perdido y desear más y ver a su alrededor como todo se desmorona ante la inutilidad de la búsqueda. Estar en la ruta y el camino correcto y de momento el cristal que se oculta en el sendero desaparece debajo de los pies y el alma se hunde. Volver de nuevo al principio ya es una rutina sin regreso, pues se vuelve a emprender la senda y los misterios huyen ocultándose entre las paredes del tiempo y los fantasmas creados por los que han recorrido el mismo camino y han terminado en la misma encrucijada. Qué laberinto de sombras se cierne sobre el buscador, de repente se ve un atisbo de realeza y se levanta el alma y conoce la realidad y empieza el laberinto más oscuro en el que ha viajado la humanidad. Pero no en sus atributos materiales ni espirituales sino en su pobre alma que desde que fue parida y liberada de su primer amor a lo creado se desvirtuó a si misma de su herencia divina original y la pureza de su reino. Mientras más buscaba la luz que lo género, se alejaba más de su creador y de los efluvios que la dejaron fluir, flotar y alejarse como un globo inflado de su propio ser.

Y surgió en la tierra la división de los reinos la creación de lo que sería la emanación del padre creador y el universo se fue abriendo camino en todas direcciones. La esencia de la creación que viaja por un túnel de luz por donde se conecta con el ser creado, al desprenderse sube a los portales cósmicos donde una vez que cruce no tendrá retorno — hasta que su regeneración la capacite para habitar un nuevo cuerpo —, llamada por los humanos muerte; por los místicos, transición. Este regresar a la vida después es Rencarnación.

La luz energía emanara a traves de ese túnel de tiempo espacio y entrara en contacto con el huevo de la creación tras un periodo de regeneración saldrá a la luz y soplara en su aliento el alma del universo. Se alojara en un niño que llorara ante sus progenitores al entrar de nuevo en un cuerpo material. En los primeros albores de su despertar lograra tomar control de su nuevo habitáculo y empezar su propio dominio y se unirán a la materia nueva los atributos espirituales que lo acompañan en este transitar de la evolucion.

IV — El secreto

El retorno de la energía del padre, la encarnación de su luz y su ser a traves de la unión de los contrarios, su nuevo retorno a una criatura nueva donde unirá parte de su esencia con el nuevo habitar de su luz para que un alma sea una realidad en este plano terrenal. La misma ley funciona en los demás reinos creados por el divino altísimo ser. La percepción de un espacio que gira en espirar al subir y al viajar de regreso para establecer el contacto con las fuerzas cósmicas. En la primera etapa de la creación se manifestó la ovogénesis en el agua salada, la fuerza femenina emano primero y de superior escala se manifestó el complemento de la ley de la creación la energía divina del padre y la fecundo. El surgir de la vida en el ser como se conoce por toda la eternidad hasta el ultimo efluvio que el ser puede captar, porque él es el portador de su reino.

Siendo los seres los que han sido creados para dar una luz de la naturaleza divina, por el propio ego de nuestra forma de controlar y desconocer la naturaleza divina de dios en nuestro ser, por que ha sido desviada por los demás seres que tratan de preservar este conocimiento. No han tenido en su forma de acumular un conocimiento que perdure y sea acorde con las leyes universales.

Los que proyectan una idea de darlo a conocer se han embarcado en sistemas de no dejar que este fluya a mentes ignorantes y que solo sea asequible a los elegidos y preparados para manejar este conocimiento. Con estos dones espirituales originales lo que han logrado preservar es un alijo de formulas secretas y métodos arcanos de lo que debe ser algo de rutina. Según la vida avanza mas, se envuelve en capas de protección algo que debe ser natural a la raza humana pues es la portadora de esa herencia en su ser. Es el ser humano el que hereda esas funciones en su ser, debe tener acceso a ese conocimiento y hacerse consiente de ese don que el propio creador ha depositado en el. Los demás son sistemas elitistas para utilizar una versión creada para administrar un bien adquirido de los adeptos que deben mantener una tradición milenaria que a veces raya en el fanatismo, porque así se impuso.

Los ejemplos se viven a diario y no por eruditos sino por seres comunes que no dominan las ciencias. La naturaleza de muchos seres humanos que han pasado por esa experiencia personal y han retornado a la vida y pueden dar un relato de ese viaje astral —

resurrección— donde no cruzaron el portal y tuvieron la oportunidad de regresar a su mismo cuerpo material. De ninguna forma este viaje es un cambio radical; es solo una experiencia del puente del consciente y el subconsciente. Una experiencia de la que el ser humano está dotado, de estos atributos que son parte de su herencia divina.

Los que poseen el poder y tratan a traves de sus conceptos por milenios, de mover masas idolatras tras conceptos aunque estén mal no ceden un ápice, por que representan el diezmo mesianista creado por el sistema por el que los reyes heredan el trono del cual sobreviven, mantenidos por los seguidores, que en un tiempo fueron esclavos y eunucos físicos y mentales del poder.

V — Rencarnación:

Solo vemos y palpamos su expresión en este plano terrenal. La realizamos como una cosa de rutina en nuestro diario vivir. Son pocos los que se apasionan por buscar los elementos que entran en el juego de la creación. Muchos místicos se adentraron en la búsqueda de los principios y las causas de nuestra manifestación en este plano terrenal. Sus descubrimientos abonan el terreno para que el ser humano tome conciencia de su propia realidad existencial. Las civilizaciones que han aportado a este conocimiento han sido estudiadas y la mayor de sus contribuciones a la humanidad se han perdido por las guerras y la destrucción de sus legados. Lo que ha llegado hasta nosotros es la recopilación y revelación de una sola parte de la historia; la otra fue ocultada o destruida. Las verdaderas claves fueron sepultadas bajo un conocimiento oscuro, solo unos pocos han logrado penetrar esa sabiduría. Los conceptos han sido erradicados del conocimiento público, pues al tratar de documentar estos aspectos de las leyes universales, sus creaciones pierden el valor y las doctrinas enunciadas se ven desalojadas de su poder al crear un vacío de sus declaraciones. En los sistemas de enseñanza se provee un espacio para alertar el interés de la búsqueda de las leyes universales espirituales que abonan a nuestro existir. Los conceptos están divorciados de una realidad y no contienen una ruta de maduración para ampliar la mente de los buscadores.

Por millones de años, el ser ha pasado por un proceso evolutivo donde surge como otro ente más de la creación, en nuestro planeta somos los únicos con la capacidad de manifestar cualidades superiores a los demás seres de la creación. La comunicación hablada, el verbo en que combinamos nuestras emociones, las variadas formas de expresión son un atributo que nadie ha podido hasta ahora explicar por completo. Aflora en nuestra mente un conocimiento que es único del ser; las cualidades que nos distinguen son superiores a todo lo creado.

Mantenemos una inteligencia que varía en grados de apreciación de acuerdo con nuestra imaginación y preparación y la herencia espiritual que retorna en un alma nueva, un niño. A nivel mundial, mantenemos unas relaciones con los que quedan separados de nosotros por barreras materiales e intelectuales.

Son pocos los que han logrado superar el miedo a las persecuciones y amenazas de las declaraciones que le fueron impuestas a los seres humanos bajo términos de controles para proteger un patrimonio. Todavía sobrevive una cultura subconsciente en los que sobrevivió esa etapa de la civilización, de oscurantismo y dominación.

Los que ostentan el poder de la educción deben proporcionar un sistema para crear conciencia en la parte educativa de esto conocimientos.

VI — La Creación:

Fue un brotar de repente, después un proceso de evolución donde se desarrollaron por milenios los atributos que cada cual maduró internamente. La conciencia interna y emocional nos capacita para acumular características que nos dotan de una percepción de fuerzas superiores, que dominan el universo al cual pertenece nuestro planeta y los seres humanos que lo habitamos. Somos los únicos seres

Mer— Ka— Ba

conscientes de parte de este escenario cósmico, hasta el momento compartido sin tener conocimiento de parte del todo lo que se manifiesta en nuestro planeta, conocido o por conocer. Fuera de ese dato es un especular que debemos algun dia llegar a resorber.

Desde los primeros pobladores, hemos experimentado las sensaciones más diversas y las acuñamos en nuestro interior como algo superior a nosotros, que veneramos porque muchas de estas emociones de espiritualidad no las podemos explicar personalmente; son una herencia que crece con la propia vida y maduramos por evolución y aplicación de nuevas fuentes de imaginación y conocimiento, que aporta cada ser como un ente separado a la gran mente universal. La sutileza de estas se encuentra a un nivel tal que las realizamos en nuestro interior y el diario vivir, pero nuestro vocabulario no puede describir con palabras esas realidades internas. Filósofos, físicos y científicos se han expresado al respecto, dando las más diversas explicaciones de las causas que operan en la creación y no se ponen de acuerdo en sus concepciones, que arraigaron en nuestras mentes desde que estudiamos el concepto de nuestra propia existencia.
 La ciencia, la genética, la astrofísica y demás ramas del saber y catalogar el conocimiento de lo cósmico y atómico; sus funciones han adelantado, siglos de

información acumulada para lograr catalogar las espirituales y físicas de lo que procede de la materia cósmica. Quizá sesenta años atrás hubiese sido un gran trabajo superar estas barreras. Desde que se pisó la Luna por primera vez, el ser humano dio un brinco en su desarrollo que no se ha detenido. Superamos los conceptos que se acumularon por milenios por las mejores mentes que nos dotaron de conocimientos básicos, para educarnos y seguir la acumulación de datos en nuestros respectivos mundos interiores. Colegios y universidades todavía usan estos legados de la antigüedad como una base de los fenómenos que nos legaron. El conocimiento debe ser un homenaje a esas mentalidades. El mundo es testigo de que se ha despertado una nueva era del conocimiento; y maduración de la inteligencia humana en base a conceptos que retan la mayoría de las escuelas establecidas. Aunque todavía falta madurar un mundo de conceptos para no perder ese eslabón que nos da la libertad de conocer nuestro pasado y enfocar nuestro futuro con mas libertad.

VII — Pruebas Científicas de la evolución

La corona (Keter)

El tálamo en el centro de la cabeza

Esther Rosón Gómez

Mer— Ka— Ba

La aportación de esta científica a la ciencia del futuro: Por un estudio científico publicado por la doctora Esther Rosón Gómez en el año 2005. Se puede apreciar a la perfección este centro del cuerpo. Cada ser desarrolla una personalidad individual que está ligada a las funciones de su tálamo; asociado a su sistema endocrino y neuronal que es el campo de acción, la barrera de tiempo espacio en el ente humano. Donde se regulan las características que refleja la acumulación de la propia evolución personal. Queda grabada en las neuronas de comunicación en cada área que es afectada por las acciones del cuerpo físico, su interactuar de las emanaciones que combinan la energía de la materia que se formo en los seres desde un principio.

La correlación emocional y espiritual también es según la capacidad con que la imaginación y las emociones se comuniquen con las vibraciones cósmicas. Menciono vibraciones cósmicas porque somos receptores y reactores de energías que viajan por el espacio hacia nuestros mundos y cuerpos, y sus vibraciones se manifiestan en átomos, moléculas y materiales con cualidades que nos dotan de una variedad de reacciones diversas, que nos hacen conscientes de las fuerzas que se desatan en nuestro interior. Y creamos con esas fuerzas y los atributos acumulados de materia de lo que agregamos de lo ya

Mer— Ka— Ba

manifestado. Somos caldo de cultivo de la mente divina. Por el momento y en pleno siglo XXl, las barreras del conocimiento se mantienen en ascenso por que a diario se dan nuevos pasos en los descubrimientos y dan una idea más real de lo que se percibe y se cree. Hay más certeza que duda de los procesos internos.

Dentro de poco no será necesario este esfuerzo, para que las mentes que han evolucionado y dejado atrás esa epoca de oscurantismo fanático emerjan como los nuevos pilares del desarrollo para el futuro. Espero que con humildad acojan el porvenir de la humanidad. Las mentes jóvenes deben conocer este legado que se mantiene a raya por los sistemas creados.

En el área de las imágenes visuales, esta glándula que retienen las emociones causadas por la reacción a efectos visuales y efectos de los espectros de luz blanca que se fosforiliza en sus procesos, vibra de acuerdo con la reacción de lo que se percibe, causando que envuelvan la gama de emociones que abarcan todas las manifestaciones que se le atribuyen al ser humano: la risa, el temor, el rechazo, la aceptación, el amor, la admiración y todos los atributos de las expresiones humanas, de la armonía de nuestro sistema endocrino que las recrea. Incluso hay estudios donde se atribuye a esta parte del cerebro, una zona tan antigua como, el miedo o la noción adquirida de protección contra los peligros. Toda esta gama de reacciones que experimentamos son el interactuar entre esa mente cósmica y la gradación que el ser humano puede experimentar de su relación espacio tiempo en su habitáculo de ser físico mental.

Es una función natural que se desarrolló desde el principio de los tiempos; nos capacita para accionar todas las defensas de protección y escape. El sentido más desconocido, la intuición que poseemos dormida en nuestro interior, un sentido que nos alerta como una chispa que lo abarca todo y nos da una noción certera y a veces anticipada. Como todo ser humano que busca desentrañar un concepto o explicar procesos debe acudir a las fuentes mas apropiadas. Es por eso que debo ir directamente a las enseñanzas que abarcan esa noción que adelanta la idea sin tener que producirla y esa es una rutina de los que buscan dar algo a conocer, pues nadie posee todas las fuentes del saber.

Resumen de los descubrimientos de la doctora Esther Rosón Gómez publicados en el año 2005 Potencial de reposo y de acción:

1. Situación de reposo: en esta situación de reposo, la membrana de la neurona está polarizada de forma que es 90 milivoltios más negativa en el interior que

en el exterior. El potencial de reposo es de -90 mV, debido a la concentración de sodio y potasio.

Nota: "La nanotecnologia puede abarcar mas profundamente en el sistema de las energías que funcionan en armonía con estas membranas que se formaron para filtrar y descomponer las radiaciones de la cosa creadora y que solo conocemos un pequeño universo de ellas, debido a que es un campo nuevo y yo no soy científico lo menciono por lógica debe existir por lo que yo imagino un sinnúmero de descubrimientos a los que no se tenga acceso o por el contrario mentes preparadas para abonar al conocimiento científico. (*GP)

Citas de— *Gaspar Pagan el autor

2. Despolarización: se abren los canales de sodio y el sodio entra en el interior de la célula.

3. Repolarización: los canales de sodio se cierran, se abren los canales de potasio y el potasio sale de la célula para reponer la negatividad.

4. Bomba sodio/potasio: expulsa tres sodios por cada dos potasios.

5. Recuperación del potencial de reposo

Mer— Ka— Ba

Hemisferios cerebrales

Hay dos hemisferios, uno derecho y otro izquierdo, que están separados por la hendidura interministerial.

Los hemisferios cerebrales están recubiertos por corteza cerebral y sustancia gris.

*Nota: — "Estas materias se acumularon en el habitáculo del cerebro por eones de tiempo durante la reacción a las energías que causaron su acumulación y la necesidad de material para que las neuronas procesaran la materia donde se desarrollaron las materias básicas por atracción de los compuestos que dieron la base a la creación. Se distribuyeron por los canales del cuerpo material creado siguiendo las leyes de agrupación de materias necesarias para la supervivencia. La canalización de las energías que estaban creando vacíos de atracción de las fuerzas necesarias para complementar el trabajo que se les imponía para lograr una armonía en su creación."

La corteza cerebral tiene circunvalaciones y surcos que aumentan la superficie cortical.

Corteza cerebral

Se elaboran movimientos voluntarios. Se hacen conscientes las sensaciones. Se almacena información. Se elaboran las funciones psíquicas.
Situada en la circunvalación recental, en el lóbulo frontal.
Se originan las órdenes del movimiento de los músculos voluntarios del hemicuerpo contralateral. Las fibras que se originan forman la vía piramidal. Está por delante del área motora. Esta área programa los movimientos.
Tiene muchas conexiones con los núcleos estriados y el tálamo que actuarán como centros de conexión.

Nota: — "Basado en estas observaciones se demuestra que debe existir un hervidero de reacciones de energía creando el ambiente para que esos procesos sean posibles. La agregación de esto procesos tienen una madures de milenios y la fuerza que as condujo a esa maduración debe ser una tan sutil que solo la divina luz de la creación debe actuar en estos procesos y sus cualidades se mantienen como en el principio o con variaciones leves.

Estos deben haber sufrido milenios de variaciones en cambios materiales y modificaciones de conducta para que se refinara unos procesos que posiblemente aun la ciencia esta tratando de documentar. Las energías que han creado esta escala de fibras conductoras para la gran variedad de energías que circulan por toda esta madeja de nervios y neuronas y que saltan a la vista su complejidad, da al traste con la imaginación. Y es progresivo este proceso de superar y crear canales para modificar los procesos internos." Al se dual esa energía entra en el proceso de el tálamo y se ramifica por sus canales creados por necesidad de evolucion."

Área oculocefalogiria

Está en el lóbulo frontal contralateral.

Se dan los movimientos voluntarios de los ojos y la cabeza.

Área para el cálculo, el reconocimiento del esquema corporal, reconocimiento del tacto y lectura

Región situada al final de la cisura de Silvio.

Área del lenguaje

Está casi siempre en el hemisferio izquierdo.

Repartida en varias zonas:

Área de Broca —a nivel frontal—.

Área de Wernicke —a nivel temporal y delante del occipital—.

Si falla el mecanismo se puede provocar:

Afasia: fallo de los mecanismos de comprensión o expresión del lenguaje.

Disartria: error en el mecanismo motor de los órganos del habla.

Nota: "Estas nociones de las fallas en supuestas funciones normales deben de alguna forma ser afectadas por el curso de una corriente de energía que debió interactuar con las materias acumuladas y que fue desviada por una malformación de alguna fuente desviada de su cause y evito la función correcta a la que iba destinada."

Sistema LÍMBICO:

Región que controla las emociones, motivaciones, comportamiento afectivo.

Está envolviendo al cuerpo calloso, a la zona del lóbulo frontal, parietal y temporal.

* Nota: — "Con el abandono de la fuerza de control de la voluntad muchas de las funciones se han

deteriorado. La maduración de resistencia y el abandono de superar la voluntad de enfrentar retos y la correcta dirección de energías a la cooperación con estas reacciones debilitan las estructuras de superación de barreras y maduración de nuevas redes de desvió de los ataques energéticos descontrolados para superar el dolor la ansiedad y la frustración. La falta de valoración arroja una particular forma de desatención de la memoria y la actitud de abandonar la voluntad para luchar y recuperar esas áreas."

Area de la memoria -No hay una zona determinada.

Se le ha dado mucha importancia al hipocampo.

Agrupación de núcleos.

Está al lado del tercer ventrículo.

Llega información sensitiva.

Participa en el control motor.

Mantiene la alerta.

*Nota: —"La memoria del cerebro no tiene un campo en especifico pues cada célula del cuerpo es un cerebro en potencia y tiene una personalidad propia en su hábitat y domina una amplia gama de energía a las que aporta su desarrollo y acumulación de información que comparte con el enjambre de neuronas y nervios a traves de la s redes de comunicación y que varían, pues no tiene un patrón fijo de comportamiento y se amoldan a las necesidades creadas por el mismo sistema."

Núcleos estriados:

Formados por el núcleo caudado, putámen y pálido.

Hacen control motor.

Nota: — "Los colores de las sustancias dan una idea de las potencias de energía que deben absorber o filtrar para convertir en un coladero de vibraciones que tienen que regular para aportar a un proceso en especifico pues de sus acumulaciones depende el rol especifico de las cualidades que debe suplir al igual que cualquier otra materia que acompaño la evolucion en cada cosa creada."

Hipotálamo

Región formada por sustancia gris.

Mer— Ka— Ba

Está al lado del tercer ventrículo, por delante del tálamo.

Es el principal centro vegetativo.

Nota: Su función es la de mantener un almacén de materia para ser el proveedor de los componentes necesarios para que se administren las materias que serán luego usadas en el sistema y son acumuladas para ser conductos de energía creadora.

Tronco cerebral a

El tronco cerebral está formado por:

1. Mesencéfalo.

2. Protuberancia.

3. Bulbo.

Mesencéfalo

Sustancia negra, donde se produce la dopamina necesaria en el control del movimiento.

Esta zona funciona en coordinación con los ganglios de la base.

Núcleo del MOC —tercer par craneal—.

Centros responsables del estado de conciencia y el ritmo de vigilia.

Protuberancia

Núcleo del MOE —sexto par craneal— y del MOC.

Es la salida de los núcleos facial y trigémino.

Bulbo

Zona donde se cruza la vía piramidal.

Centro respiratorio.

Salida de los nervios hipogloso y vago.

Centros vestibulares del equilibrio.

Autor: Esther Rosón Gómez Año 2005

La bomba sodio potasio ATP —adenin-tri-fosfatido— es una proteína transmembrana que actúa como un transportador de intercambio antiporte — transferencia simultánea de dos diferentes direcciones— que hidroliza ATP. Es una AT. Pasa de

transporte tipo P, es decir, sufre fosforilaciones reversibles durante el proceso de transporte. Está formada por dos subunidades, alfa y beta, que forman un tetrámero integrado en la membrana. La subunidad alfa está compuesta por ocho segmentos transmembrana y en ella se encuentra el centro de unión del ATP, que se localiza en el lado citosólico de la membrana. También posee dos centros de unión bilaterales al extracelulares y tres centros de unión a los intracelulares, que se encuentran accesibles para los iones en función de si la proteína está fosforilzada. La subunidad beta contiene una sola región helicoidal transmembrana y no parece ser esencial para el transporte ni para la actividad.
Nota: — "Las energías así descritas son parte de la energía divina que empezaron a crear la materia tan variada en el ser. Esta bomba es una proteína electrogénica, ya que bombea tres iones cargados positivamente hacia el exterior de la célula e introduce dos iones positivos en el interior celular. Esto supone el establecimiento de una energía neta a través de la membrana, lo que contribuye a generar energía entre el interior y el exterior de la célula, ya que el exterior de la célula está cargado positivamente con respecto al interior. Este efecto electrogénico directo en la célula es mínimo, ya que solo contribuye a un 10 por ciento del total del potencial eléctrico de la membrana celular. No obstante, casi todo el resto del potencial deriva

indirectamente de la acción de la bomba de sodio y potasio, y se debe en su mayor parte al potencial de reposo para el potasio.

La creación de membranas de diferente espesor obedece a la capacidad de filtrar y graduar las energías; para que su rol sea el apropiado en la creación de nuevas sustancias y conexiones en el esquema de construcción de la materia en el cuerpo.

VIII — Las emanaciones del Reino original

Inteligencia, sabiduría y saber

La voluntad de crear, la sabiduría que concentra todas las cosas, la inteligencia que pare las ideas por asociación, emanación e inducción. La gracia, el amor y la misericordia, atributos del ser heredados de la mente divina, el poder del juicio que nos acompaña siempre, la perseverancia hasta la victoria final, la grandeza y la majestad. El fundamento de todas las fuerzas que se han activado desde el primer efluvio de la voluntad, por último, el Reino donde mora el Dios de la Creación y reúne el todo en sus manifestaciones: la conciencia."

Nota: — "La reacción entre el entendimiento el intelecto y la sabiduría, crean la dimensión de espacio y tiempo (la grandeza y la fuerza de atracción), Procesos de la cábala.

Mer— Ka— Ba

La voluntad es la fuente primaria de donde todo emana, si es la voluntad de la fuerza creadora y su curso fue la creación; pues así fue en un principio que debe haber abarcado un instante en la mente divina representada en la cábala. Concepto aceptado por los místicos que respetan el orden divino para transferir un vocabulario no hablado que guarda las claves de la creación. De esta forma el ser puede declarar par el futuro sin perdida de contenido las correctas enseñanzas, las mismas que heredamos desde las cuevas y las piedras de los antiguos. Si no existiera esa voluntad o fuerza creadora, las energías se desviarían a otros confines de la creación, a otros propósitos y la vida como se conoce se detendría o cambiara su forma de expresión.

Dios creó un vehículo para manifestar su esencia divina. El ser humano es el heredero de ese Reino. Su creación no fue espontánea; fue por muchas etapas de evoluciones hasta que maduró una expresión que lo abarcó todo. El Reino de arriba necesitó del reino en el ser para los niveles de maduración e intercambio de energías que interactúan y atraen de la fuente primaria por adaptación los atributos que deben manifestar.

Para eso fuimos creados, funcionamos como la emanación de una conciencia superior que necesita de una conciencia inferior para darse cuenta de que es, tomar vida en un plano que no es el y así realizar su propia existencia, a la vez que se manifiesta y recrea a sí misma. Los seres no aparecieron de momento corriendo por la tierra ya hechos por completo. El ciclo de la vida se repite encarnación tras encarnación.

Por ese túnel de tiempo espacio es que viajan las fuerzas creadoras a cumplir con las leyes de evolucion y por ese mismo túnel regresan las fuerzas a regenerarse a la fuente primaria.

Nota: — Al mencionar un concepto de tiempo espacio es para dar la impresión de como viajan las energías creadoras a fundirse con lo creado, pues todo lo que se manifiesta en nuestro plano terrenal físico o no físico obedece a las combinaciones de materia sutil que se proyectan del universo exterior y de diferentes frecuencias de emanación, unas del sol, otras de otros cuerpos para dar un balance a la materia en su composición, es la armonía de lo que se nos manifiesta.

La reencarnación por centurias dotó al ser humano de fuentes de poder y el libre actuar para madurar expresiones nuevas que más tarde, al retornar a la fuente original, se reintegran a la gran mente divina. Por ciclos, estas mismas energías regresarían a un cuerpo nuevo para seguir un crecimiento hasta superar su estado anterior o pasar por una degradación si no se establece el proceso. El poder que nos creó nos devuelve a su matriz para dotarnos de nuevas energías y nos vomita de nuevo a la Tierra para que nos preparemos en nuestro camino hacia la purificación. Es la ley que se nos impuso: evolucionar.

Las manifestaciones desde el principio de los tiempos, la creación física, material en la naturaleza, y espiritual, con los atributos cósmicos del alma, donde el propio Dios Creador se recrea en las manifestaciones de aquellas mentes que se armonizan con sus leyes espirituales. Las emociones más puras del ser que eleva su conocimiento espiritual y trasciende el ego material, eleva su esencia al cosmos, o lo que denominamos dios de nuestras conciencias. El elevar y madurar esa energía y revertirla al dios de la creación nos capacita para ser portadores de la luz espiritual. Es el mejor legado que podemos compartir con quien nos creo.

La forma es la diferencia, los conceptos habituales se distancian de la naturaleza y sus leyes. Si la mente y la conciencia sienten una divinidad, un amor por quien nos creo, que es energía pura, no podemos recrear nuestro agradecimiento a una figura humana, un ídolo fabricado. Este es la diatriba de los antiguos profetas que buscaban enfocar la adoración hacia dios, al menor descuido la desorientación aparecía y los seres estaban adorando ídolos.

Los creadores de dioses humanos encontraron en estas debilidades un bue negocio. La división de conceptos es lo que mantiene la raza humana dividida y en guerras constantes.

Millares de pensadores que admiramos en las escuelas por su sabiduría, la trascendencia de sus conocimientos, nos transporta a los recovecos más internos de nuestra propia naturaleza. Lo que procede de la mente divina a través de la mente humana corresponde y se ha procesado mediante este centro de la creación, donde residen los procesos internos a través del ser.

Todo lo creado de todas las ramas del saber, lo que contemplamos en la historia de la humanidad se ha manifestado bajo las mismas leyes universales. Solo el ser tiene conciencia y puede captar lo procesado con conocimiento, todo lo que existe y lo creado por el hombre utilizando sus atributos. También ha tomado conocimiento de lo que envuelve el cosmos en las variadas motivaciones de la naturaleza. Como dije antes, estamos a las puertas de conocimientos que tiempo atrás hubieran sorprendido al hombre. Una mente despierta y abierta al conocimiento es lo que desea manifestarse a través de nosotros. Somos el canal correcto y debemos asumir esa misión.

Nota: — El último triangulo de la creación, gloria victoria, crean el fundamento para la generación de nuevos seres y sus potencias de procreación, en alguna etapa lo que era una manifestación trina perfecta se dividió para que las fuerzas se armonizaran de nuevo, cuando todos éramos uno.

IX — La herencia humana en la evolución

El ser humano no desciende del mono como se ha tratado de probar por siglos. Son grandes teorías que se han desarrollado por grandes mentes de la humanidad. Como otros conocimientos han llenado un vacío en las experiencias humanas. La ciencia se ha encargado de rectificar esos errores de apreciación, que aunque no están lejos de muchas realidades no llenan el vacío por complejo. Si buscamos en los anales de la antigüedad, existió un conocimiento, aunque fuera metafísico o esotérico, de la creación; fue en su tiempo un producto de la inteligencia humana que estaba más cerca de lo acontecido; la creación. En épocas venideras se arrojara más luz sobre estos aspectos, posible el último eslabón sea comprendido.

Las otras criaturas se desarrollaron a la par que el ser humano. El hecho de que sus características sean parecidas al ser humano no gradúa la estirpe de los otros seres para equipararse al ser humano. Las

Mer— Ka— Ba

rencarnaciones dotan al hombre de esa especial característica, porque lo que retorna al cuerpo son los atributos divinos de su alma-personalidad, que no estarían presentes en ningún animal. Lo que se ha dado en llamar alma es una función específica dentro de la madeja de emociones que maduran dentro de nuestro ser. El alma es la cualidad dentro de las sutiles energías que se almacenan y abarcan el todo en nuestro ser emocional interior, un área que recoge esa tasa vibratoria y la almacena con todos los atributos intangibles emocionales que evolucionan y maduran por el periodo de existencia en el plano terrenal. Una cualidad que manejamos y proyectamos como una función de agradecimiento al dios de nuestras conciencias, a la vez nos separan de las demás especies. Somos la conciencia de lo que llamamos Dios y todos los atributos de la divinidad operan en mayor o menor grado dentro de nuestro ser. La diferencia es que nos damos cuenta y los maduramos por propia voluntad.

Nos separa un mundo de manifestaciones que debemos comprender antes de declarar que descendemos de los otros animales, sean cuales sean. Somos una manifestación que sigue patrones y leyes diferentes. Por el conocimiento de siglos que se acumula en la memoria de la evolución que se ha catalogado de archivos (AKÁSICOS) por los místicos a todos los niveles mundiales y se distingue el ser

Mer— Ka— Ba

humano de las otras criaturas que existen. Según mi mejor entender, esta es una fuente en el cosmos donde quedan grabados todos los conocimientos que maduran nuestra alma-personalidad y se componen de conocimiento, emociones, datos de personalidad, la cantidad de átomos que conformó nuestro ser físico; el conocimiento exacto de cada atributo de manifestación en cada átomo o célula de nuestro cuerpo físico y espiritual. En cuanto al ser humano se refiere y en su contraparte la fuente de donde provino o emano y que mantiene un archivo de todas las creaciones que han emanado de su propio ser.

Por otro lado, las cadenas de ADN (Los componentes genéticos de cada célula) en el ser humano tendrían que ser exactamente las mismas que las de los animales a los que se pretende ligar nuestra evolución. Hay una variedad de dos porciento en la estructura de los primates respecta al ser humano, así como en lo intelectual y espiritual. Debo confesar que no soy científico ni poseo conocimientos de genética. Si cometo algún error, espero que surja una mente preparada y abone estas ideas para establecer un conocimiento más claro. Es posible que ya esté catalogado. Si no fuera así, se debe despertar el interés científico para la apropiada investigación.

Nota: — Mis declaraciones que pueden estar ya catalogadas, me dan la libertad de adentrarme en la

Mer— Ka— Ba

colección de datos sobre el tema. Estudios de laboratorio han demostrado que las cadenas de ADN de los seres humanos y los primates se asocian hasta un 98 por ciento. Esto quiere decir una diferencia en sus estructurad de un dos por ciento.

El maestro Jesus dominaba todo este conocimiento esotérico.

Hace referencia a este detalle en el evangelio de Tomas su hermano gemelo a quien el personalmente dicto.

Predicaba sobre el reino de los cielos y los que lo oían empezaban a mirar hacia arriba. Les aclaro que si buscaban arriba donde habitan las aves, ellas fueron creadas primero que el hombre, su buscaban en el mar donde habitan los peces también habían sido creados primero. Pues les hablaba de que ni buscaran arriba, ni abajo, ni delante, ni atrás. Nuestro padre creo al ser en el último momento y fue tan grande el amor con que nos creo que en nosotros deposito del reino de los cielos, no en los animales.

De la profundidad de estos hechos ocultados por miles de años, que salen a la luz en los rollos del mar muerto, es que el ser debe internalizar su grandeza. Cuanta sabiduría se ha desperdiciado, cuanto conocimiento desviado de los verdaderos herederos.- ¿porque?

Ese supuestamente es el legado a la humanidad, y fue a parar junto con miles o millones de documentos a las bóvedas de alguna institución privada. El salvar almas es su negocio a que precio y si tienen un recuento de cuantas han salvado, alguien debe llevar la cuenta, si nadie lo hace es por que es un ejercicio fútil.

La salvación es individual y personal aso lo declararon los primeros padres de as enseñanzas, dios no admite intermediarios. Por deducción todo lo que se interponga en ese interactuar desvirtúa esa concepción divina, acaso nadie se ha dado cuenta. Conque autoridad se interfiere en la ley de la creación y la comunión del ser con divinidad de dios.

X — La creación en el agua salada

Mi aporte humilde a los archivos del saber esté bien catalogado o falle en mi intento de arrastrar un pobre conocimiento adicional para que los científicos y pensadores elaboren sus propias teorías. Los no cientificos y pobres buscadores encuentren algo nuevo en que meditar.

Espero que el intelecto de otros seres pensantes se estimule y puedan dotar a la humanidad de algo diferente. La forma de expresar los conocimientos en este libro es un relato de tipo místico, alquímico, metafísico, esotérico, debido a que yo personalmente les atribuyo este conocimiento a las mentes más grandes, desde las antiguas escuelas de los misterios, filósofos, médicos y místicos. Mi forma de expresar este relato de vivencias a través de mi experiencia diaria es buscando las relaciones entre el verdadero sendero hacia la verdad que mora en nuestro interior, la misma que se reproduce reencarnación tras reencarnación como un retrato del alma. Método este de las escuelas gnósticas donde cada discípulo es preparado para viajar hacia los confines de su ser interior, descender a sus propios infiernos y madurar su espiritualidad para comprender a dios y el sufrimiento humano compartido.

La corona el paraíso Escondido

El ser a través de su evolución

Las células de sodio, potasio y otros componentes químicos que entran en las funciones de la creación, que interactúan en el centro del tálamo, en nuestro sistema nervioso central, a través del sistema endocrino, tálamo, pineal, hipotálamo, hipocampo, neuronas y dendritas, tienen su origen en el principio de la creación. Poseen su propia cadena de ADN que no ha variado desde su creación y desarrollo; simplemente se han transformado y expandido como un espejo o capa de una fuente o membrana. Producen la energía donde las células primarias derivaron sus estructuras, ya que dependieron de estas sustancias para su supervivencia. Ellas son la fuente para producir las primeras proteínas donde estuvo contenida la reacción que dio origen a la vida. Sin ellas, las primeras células no podrían sobrevivir. Las características de las primeras células en el agua salada y su entorno tienen como consecuencia que todas las formas que se desarrollaron en un principio tenían un ambiente común. A la misma vez, sus órganos se fueron desarrollando y evolucionando en lo que otras criaturas fueron emergiendo de esa forma primaria. Como consecuencia de ese principio común donde todo emergió, muchas de estas criaturas desovaban o expelían sus fluidos seminales en el mismo ambiente, y siendo herederas las unas de las otras, los óvulos o huevos podían interactuar en sus funciones primarias de evolución. En algún momento deben haber surgido criaturas de todas las formas y tamaños, que interactuaban juntas, por selección genética sobrevivieron las mas capacitadas. En la actualidad, el comportamiento de los espermatozoides para fecundar el huevo, se asemeja a las condiciones que tenía que superar en el agua en aquella época tan antigua para desplazarse y alcanzar su meta lo que indica que su creación fue aparte del ovulo.

Las mismas condiciones están presentes en la reproducción dentro del ser y muchos de los reinos de la creación.

El sistema endocrino se empezó a desarrollarse por la necesidad de la materia primaria que era común en el

agua salada y con la cual estaba en contacto y luego de un periodo de eones de tiempo emigrar a tierra. Algunas de las materias con las que formaron parte de sus estructuras mermaron y en la competencia de tantas especies compartiendo el mismo lecho de mar o lago.
Se vieron obligadas a emigrar en busca de los componentes necesarios para fabricar las proteínas y las sustancias necesarias para la supervivencia y así comenzó la emigración del agua salada a la tierra y de la tierra al agua salada en un periodo de adaptación. Al emerger de los mares y lagos salados, el sistema del tálamo empezó a procesar sodio y potasio directamente de las emanaciones del Sol —otra clave de la vida—. ¿Que creo la diversidad de las especies y la formación del ser?

En el principio, las formas primitivas, además de crear sustancias como las proteínas y otros agregados primarios, succionaban sedimentos del fondo que se acumulaban por las acciones de la evolución. Esto dotó de materias de diferentes composiciones a las primitivas formas, que empezaron a combinar y desarrollar nuevas áreas de expresión, su interactuar con las materias que se le agregaban y según el entorno donde se localizaran. No todas las formas que surgieron tenían acceso a esta materia. El cerebro que se desarrolló adquirió unas condiciones únicas y se reagrupo en torno a materias específicas que hoy en día son las que canalizan su herencia de la antigüedad.

Si esto cambiara, la evolución tomaría otro giro. La erosión que proveía a las especies de la variedad de componentes necesarios, debió ser bloqueada por algun fenómeno que obligo a las especies a emigrar a la tierra en busca de los elementos esenciales para sobrevivir.

Para que esto pueda ser entendido por los menos preparados es lógico que la enfermedad se da por algun desbalance de las condiciones naturales de como fue creado. Los médicos que se dedican a proveer cura para las enfermedades, simplemente buscan de alguna forma del conocimiento para restablecer al ser material de alguna sustancia que dejo de producirse en el cuerpo o mermo su nivel de estabilidad. Cada ser individual es su propio mundo y sus atributos son su la suma total de su historia de evolucion y los elementos a los que ha tenido acceso.

Al emigrar a la tierra enfrento a un periodo de adaptación y la interacción con nuevas emanaciones directas y la sutilidad de las vibraciones a las que tendría que adaptarse, pues los fenómenos a que se exponía eran directos. Las causas en la variación empiezan a interactuar y las necesidades a las que tendría que sobreponerse era muy diversos y de esa manera surgen las nuevas expresiones que la necesidad de sobrevivir les causo. En cuanto a la vida compartida en el agua salada, un sinnúmero de especies desarrolló un sistema complejo por la necesidad de sobrevivir. Mudaban de sexo para continuar la reproducción de más miembros de su especie y lograr que esta no desapareciera.

Son los herederos los peces vaca, Athia, Bivalvos y moluscos. Y por supuesto, nuestra glándula tálamo habitaba el mismo ambiente y evolucionaba con características superiores a las otras especies, lo que la dotó de ese sexto cúmulo de atributos sobre las especies: un huevo dual y trino, y andrógina a la vez. En los humanos, los sexos se manifiestan uno a la vez, el otro sexo está presente, en forma dormida. Posiblemente, en otra encarnación el otro puede dominar el escenario de la creación. Todavía en la actualidad estos fenómenos que nos parecerían raros son numerosos en la naturaleza, algo natural en la continua evolución. En la parte humana se repiten casos de andróginia que incluso han sido científicamente catalogados y son motivo de estudio.

En el reino humano los seres que se desarrollaron en las diferentes áreas del planeta heredaron características físicas de su forma de sobrevivir a condiciones de la propia naturaleza que tuvieron que enfrenta para su subsistencia. La variedad en la alimentación de unos y otros hizo la diferencia en sus características físicas. Mientras una de las razas se dedicaba a la caza hubo otras que no estaban bajo esta misma influencia o separadas por el surgir en áreas separadas. Al mencionar este detalle asumo que la pureza de su alimentación los capacito con unas cualidades de vida más puras y su desarrollo fuera mas adelantado en cuanto a la forma de su físico y el desarrollo interior.

Otro detalle es que al surgir las tormentas y los diferentes fenómenos de la naturaleza las formas originales se dispersaron en el agua por todo el planeta debido a esos mismos fenómenos.
Si observamos en nuestro continente americana muchas de las plantas y animales y demás especies se han producido por estos fenómenos naturales. Su cerebro se adapto a la evolucion de materiales, como frutas y yerbas, el agua pura que se consumía posiblemente, la pesca y así las características celulares de desarrollo fue uno muy diferente a aquellos que solo se alimentaban de la caza de animales, su ADN se mezclo internamente con el de los animales, adquiriendo características físicas de la carne que comían, al igual que sus comportamiento al estar ligado a fieras y animales que tenían que dominar por la fuerza, sus actitudes eran de esta naturaleza. La ausencia de una racionalidad que les

hiciera superar la fiereza de los animales los doto de ese tipo de actitudes y evolucion mental. Por otro lado hubo razas dispersas que adoptaron fenómenos de desarrollo diferentes y estaban más interesados en la naturaleza, su comportamiento y las formas en que esta se manifestaba. Sus actitudes emocionales fueron madurando de otra manera y su comportamiento era más amistoso entre los suyos. En otras palabras su comportamiento era más emocional. De alguna manera adoptaron formas de vida más organizada y de respeto por la naturaleza en si. Los fenómenos naturales les atraían y buscaban una explicación a todo lo que sucedía a su alrededor.

En algun punto de la evolucion las tribus nómadas de Europa se unieron por alguna razón ya sea de lucha o sometimiento o por la dependencia unos de otros, pues de alguna manera razonaron que uniendo esfuerzos les era más fácil sobrevivir. Unos eran cazadores acérrimos y los otros en mucho eran las victimas de los otros o de los mismos animales salvajes.

Otra razón debió ser los fenómenos que ocurrieron antes en la tierra a la que estuvieron expuestos y los fenómenos naturales no acabaron con todas la criaturas que evolucionaron. Aparentemente hubo unos cataclismo creados por fenómenos cósmicos o algun fenómeno que bloqueo de alguna manera las emisiones de energías del espacio exterior, por algun periodo de tiempo y las criaturas que no alcanzaron un desarrollo en sus sistemas endocrinos que los capacitara para manejar esa crisis sucumbieron. Como cataclismo me refiero al bloqueo de las emanaciones del sol, la interferencia de algun tipo de fenómeno planetario que abrió la capa de ozono en alguna región del planeta o la inmersión de la tierra en algun campo gravitacional de algun asteroide que creo un cambio en la terrestre, afecto con algun material raro nuestro entorno.

Las causas de la variación en el comportamiento y desarrollo de la raza humana y los demás reinos de la creación son influenciados por las energías que procesamos por las características que dieron lugar a que surgiera el fenómeno de la vida y debe por razonamiento que cualquier fenómeno externo que cambie, de la índole que sea que altere las leyes a la que obedece nuestro desarrollo sea físico como emocional obedece a estas mismas leyes. Imaginar que solo fenómenos físicos aislados puedan dar fin a la vida total seria un error de cálculo.
El atribuir a la violencia de las leyes cósmicas solamente este comportamiento, raya en la poca imaginación de nuestra creación y evolucion como si esta fuera materialmente análoga a la existencia. Los seres creados por la emanación primaria obedecen a leyes universales y divinas tal cual son por la

emanación de inteligencia que portamos en nuestro interior.

Efectos de la ionización en el agua salada:

El misterio de la creación que solo se da en el planeta tierra

El secreto que buscarían los alienígenas para superar la condición de sus razas

La cábala de la creación:

Para mi poco conocimiento de los principios cabalísticos a los que he tenido acceso se desprende que las nociones de la cábala se aplican directamente a la creación del ser humano. Es una forma de darle un sentido a los que se conoce y se revela desde que se tiene conocimiento de lo que se experimenta y se percibe.
Son los enunciados de como se le atribuye a un dios o fuerza sobrenatural la influencia en lo que se creo como un ser.
¿Es nuestro proceso interno de creación una inteligencia única en el universo?

Nos enfrentamos con esta cuestión de que los principios enunciados en los laberintos de la cábala deberían funcionar en todo lo creado en el universo, sin excluir vida extra terrestre.

Una condición que se desprende de los enunciados cabalísticos es que las fuerzas que emanaron de la creación son específicas y obedecen a causas cósmicas que hasta el momento se acomodan a la vida del ser humano como se conoce hasta el presente. Si surgieran criaturas con un modo diferente de interactuar con la materia universal tendrían que diseñar un sistema cabalístico que se exprese sobre todas las leyes que se manifiestan en el universo y todos los reinos de la creación, para de esa forma armonizar el conocimiento con la realidad existencial. Inclusive si en el infinito universo existieran otras esferas de submundos o de áreas donde las galaxias sean un prototipo ajeno a nuestra vida y donde se desarrolle otro tipo de sistema de manifestación, la existencia fisca no sea necesaria, que solo sea un fluir de atributos infinitos o esencia de manifestación. Me refiero al reino de la conciencia cósmica que lo abraca todo.

XI—
Efectos de la ionización del sodio y el potasio.

Las Funciones de nuestra glándula tálamo

Es posible que la vida en la tierra sea única en el universo y si alguna inteligencia del exterior de nuestra galaxia se acercara a nuestro planeta, seria en busca de las frecuencias que se conjugan desde el espacio exterior y se acumulan en nuestro planeta.

Condición única

Al estar a una distancia única del sol y la conjugación de elementos que emanan desde las diferentes fuentes de energías hacia lo que conforma el planeta tierra que se ha ido agregando desde que se aglutino la primera materia es una condición única y nosotros la poseemos.

Nuestra imaginación se eleva a estar preparados para acciones de razas de otros mundos, es lógico pensar en que pueden ser inteligencias superiores y sus vidas ser muy diferente en estructura molecular a la nuestra. Somos una condición única que deriva de las energías de sodio y de potasio y elementos como el oxígeno, carbono, y las concentraciones de elementos en el agua salada, que no es otra cosa que la concentración del propio sol en el agua de los océanos que nos rodean. En adición a todos los elementos que se han concentrado desde el surgir del universo en las esferas materiales de la propia tierra y sus fluidos etéreos como el aire y las energías que nos circunvalan, a la ves que estamos expuestos a las energías de otros cuerpos que abonan con sus condiciones únicas a la forma de la vida y los

Mer— Ka— Ba

fenómenos que se nos manifiestan producidos por fuerzas exteriores.

La función de la primera membrana (Tálamo) de la creación que dio origen al ser humano es uno de los objetivos principales de cualquiera que quiera copiar nuestra fuente de vida y el origen de nuestra Raza. Si alguien quisiera duplicar la vida en el espacio exterior y original procesos de creación debe seguir los ejemplos de la divina creación.

¿Cómo comenzó? — ¿Qué principio activó que estos elementos se organizaran y empezara este tipo de reacciones? — ¿Qué energía se materializó y reunió las cualidades que dieron comienzo a la primera célula? Analizo yo esto en relación al ser humano. Establezco que la energía creadora interactúo al unísono con las diferentes formas de vida que surgieron. Fue un desparrame de alguna fuente que surgió de pronto y generó estas reacciones, en un principio, por desorganización. Tiene que haber surgido en grados cada vez mayores. Sus cualidades debieron ser vibratorias, y por su concentración en las diferentes áreas del planeta dio lugar a que la vida que surge estuviese en un principio relacionada la una con la otra. Al empezar su interactuar con las materias variadas, dependiendo la zona donde se manifestó y reaccionó esta energía, los atributos de los materiales que se le agregaron crearon la diversidad.

Las diferentes temperaturas cooperaron con la generación de formas. Al hablar de temperaturas encontramos otro eslabón donde la propia Tierra, desde sus adentros, como un follón de la naturaleza, aportó sus gases para ayudar al parto de las energías que viajaban a fecundarla. En el bloque de características que a la postre surge como un ente humano se amoldaron y reaccionaron materias de diferentes características de compuestos y su variación atómica. La electronegatividad es una explicación sensata a las reacciones que suceden en la materia propiamente, es la clave de nuestro adelanto espiritual, de hecho esa energía sutil que nos emociona y nos capacitan para darnos cuenta de energías de divinidad y la belleza creada en todos los reinos de la creación es la directa comunión con la luz del reino divino que nos creo. Al hablar de luz es el espectro de la infinidad de las vibraciones que nos invaden y causan reacciones en el sistema endocrino que gradúa y canaliza esas vibraciones en concordancia con nuestro sistema nervioso central. Una red interna que comunica todas esas reacciones a las sutiles fuerzas y su balance en nosotros, por todo el cuerpo donde se encuentre un centro nerviosos activo.

Mer— Ka— Ba

Quisiera ser un científico para dar explicaciones que se acomoden a los principios que ellos entienden, pero el problema es que ellos no tienen el cien por ciento de las nociones del universo que nos envuelve; solo pueden partir y digerir el bizcocho pedazo a pedazo. El conocimiento gnóstico es un rayo redondo que lo abarca todo, es un atributo de la conciencia que genera un todo o logos de lo que se habla o concibe y que une todas las nociones en una sola para acentuar la comprensión de lo que se vive y realiza. El agua salada ya estaba concentrada por los rayos solares que debieron ser más débiles y que no penetraban completamente las capas de agua densa, fuese por el congelamiento o por la turbidez. En adición, la atmósfera era más densa y dificultaba la penetración de la luz, que fue creciendo progresivamente dentro de un marco de reacciones y descontroles del sistema solar. Es posible que la atracción de los átomos internos y sus espacios crearan el compuesto perfecto de material, para este acercamiento, que el sodio y el potasio contenidos en el agua salada sirvieran como los elementos primarios. Desde ese momento de la creación ese fenómeno no ha cesado. ¿Qué emanación crea esta primera manifestación sobre la Tierra? — ¿Qué constancia sigue interactuando para que esa atracción continúe como una ley única de la creación? — ¿Qué cualidades se han agregado por milenios a los atributos originales que despertaron la vida? Los neutrinos. ¿qué función ejercen en los espacios y espectros de la materia?

Pero no es la manifestación en sí, es la cadena de eventos que se aglomeran y atraen las otras potencias creadoras que aglutinan el resto de los elementos que se asocian y por algún orden que llamamos divino o armónico se manifiesta la primera etapa de vida de lo que sería luego el ser humano. Se recrearon las mismas condiciones evolutivas en lo que luego sería la variedad de los reinos que surgieron y sus derivados, al superar los escollos de las reacciones físicas. Es lógico suponer que lo que siglos después es el desarrollo sea el producto de las primeras reacciones de esas células a su entorno. Lo primero que se manifiesta como una ley primaria es la protección de esa fuente de energía que empieza a actuar, como las cosas que la rodean y con las que interactúa. Surge una capa exterior que la protege de daños y que se hace densa o más liviana, dependiendo de las radiaciones que ella misma gradúa y controla para su interactuar con las tasas vibratorias necesarias para generar sus estructuras y funciones, o viceversa. En ese centro se concentra una capacidad de control de la potencia de energías que pueden llegar a los órganos del cuerpo. Es la reacción a las potencias que la penetran para fomentar sus influencias en la materia: su generación del reino. Queda aislada toda esa potencia y empieza la comunicación a través de redes que emergen de su centro como terminales de comunicación nerviosa. Surgen de la propia necesidad que les crea el ambiente y sus componentes. Ese primer huevo de la creación aglutina células de proteínas que se empiezan a producir; adquiere de algún proceso de atracción o imán interior lo que llamamos una conciencia o inteligencia individual, o necesidad de atracción hacia otros elementos que aportan electrones y complementan su desarrollo. Son innumerables los elementos que entran a organizar ese proceso por etapas de tiempo y adición, según surjan las necesidades de crear. Una energía que envuelve en campos magnéticos y gravitacionales le da esa creación primaria, surge la capacidad de movimiento, empieza a moverse en su entorno, a desarrollar cualidades cada vez más complejas.

Como la semilla cada vez que adquiere un nuevo agregado lo copia de alguna forma a su composición y lo mantiene como la cadena que se va formando en su evolución. O sea que crea una copia de energía, la duplica en cualquier otra división que cree de sí misma. Las copias que heredaran esos códigos genéticos al dividirse, que es la ley que las formó, las pasan a sus duplicados. De esa forma de división se crea un interactuar que define un reino con características únicas.

Mer— Ka— Ba

Las necesidades de desplazarse les crean protuberancias hacia el exterior. A la vez, la propia glándula les provee de ramificaciones sensoriales de sí mismas para detectar nutrientes y formas que tienen que evadir y superar en sus movimientos. A estas características se agrega una habilidad para copiar y retener una memoria de las formas y energías de lo detectado para en un futuro catalogar e identificar la experiencia. La misma que seria reconocida si se manifiesta de nuevo y la reacción seria de acuerdo a la información grabada y a la noción de su elección o rechazo de cada una para mantener un código para reproducir las que fueran necesarias para superar una condición de crecimiento. A la vez se tienen que enfrentar a las sustancias que se agregan al cuerpo por la alimentación para adaptar sus condiciones de capacitar al sistema para elaborar más células con esas materias que son de diversas cualidades. Es posible que a la larga sea tanta la variedad a la que tengan que modificar su comportamiento de acuerdo a las regiones y las costumbres de los que se alimentan.

Al hacerse más complejos los procesos que deben superar, las radiaciones que les llegan son muy débiles por la concentración en el agua, como todos los seres creados empiezan la evolución de sus sentidos de movimiento, a crear lo que serían los ojos para percibir la luz y el movimiento.

Glándulas internas para apoyar sus necesidades de más energía creadora que las dotan de una inmanente necesidad de generar otras ondas para proveer las vibraciones adecuadas para crear los componentes que las capaciten para desarrollar nuevas áreas de mutación y desarrollo. Succionaban del fondo los nutrientes que fueron agregando a sus estructuras, de la misma forma que filtraban los fluidos para retener los componentes en el agua para su beneficio que iban creando, a la vez que sumaban una nueva característica a las anteriores.

Se extendían ellas mismas en sus fibras nerviosas y tomaban conciencia de las dimensiones que abarcaban por las señales que asociaban a nuevas experiencias. Fueron creando nuevas áreas nerviosas y estructuras celulares de las materias que succionaban para almacenar esa información y de ahí surge el primer cerebro. En las células de ellas mismas duplicaban esa información genética y la pasaban a las copias, y las que sobrevivían hacían lo mismo. Siendo ya una célula con dos divisiones y funciones, cada lado de control tiene su particular código genético. Surgen los sexos internos, donde se desarrollan las necesidades de traspasar los genes de una célula a otra para que se complete el ciclo de división, con las polaridades adecuadas. Las gónadas internas primitivas surgen en su interior para capacitar a cada duplicado de sus códigos de evolución. De ese proceso surge la invasión de otras formas de vida tales como bacterias o viruses y formas extrañas a su desarrollo por el cual tiene que empezar a desarrollar defensa para su protección. De este interactuar empieza la creación interna de lo que sería el prototipo del ser humano y una inteligencia o acumulación de detalles precisos de lo creado. Un hervidero de reacciones nerviosas desarrolla un centro de neuronas, donde responde a los impulsos que recibe y envía respuestas energéticas que son afines y recrean una condición de interpretar correctamente los impulsos que recoge. Por la necesidad de albergar una estructura que fue desarrollando su tamaño, fue duplicando su estructura en lo que sería el cuerpo a través de sus redes nerviosas, envió las necesarias órdenes de construcción de los atributos que lograría reproducir su estructura primaria en un cuerpo. Lo dotó de redes de comunicación, donde alcanzó un control completo de cada célula creada en su interior.

Las instrucciones las enviaba a través de neuronas o centros nerviosos que creó para mantener control completo de cada acción que se diera en su cuerpo. Mantenía y mantiene una noción, como una copia exacta de su contenido. Si alguna célula o grupo cesaba sus funciones o se destruía, la materia para sustituirla era inmediatamente generada y enviada al lugar preciso. Creó un centro o fábrica de células en lo que hoy llamamos hígado para mantener las necesidades de creación activas. En alguna parte de su cerebro, desarrolló una cualidad de generar por impulsos, órdenes de fabricar duplicados de las células ya creadas. Como siempre, en sus células primarias duplicaba o copiaba una réplica de sus avances en la datación de su nueva creación. Surge un hecho palpable de que ese conjunto de células nerviosas, no importa a la región que hayan sido enviadas, forma una red de comunicaciones internas. Las células están conscientes de las funciones de las otras, formando una conciencia o mente universal de lo que son.

Esa inteligencia forma parte de la central de control, el tálamo y sus glándulas endocrinas, que la acompañan en sus funciones. Es un complejo de operaciones perfectas. ¿Cómo es posible que un impulso de dolor lleve una instrucción exacta a este centro y le dé conocimiento de alguna lesión o enfermedad, y en qué célula o células existe la lesión o condición, que exactamente el material requerido para su pronta reparación sea despachado de su laboratorio al preciso sitio donde se necesita en la cantidad precisa, lo dirija por todos sus conductos a los sitios donde está el daño y lo duplique exactamente al anterior? Pero hay más: si por alguna razón este material, sea por la ruptura de una vena o capilar que lo conduzca, del torrente de líquidos que lo dirige a su destino sale en una parte donde no es reconocido y no llega a su destino, inmediatamente el cerebro manda células nuevas a crear una capa a su alrededor y lo aísla, creando lo que nosotros llamamos quiste.

Esta central se apodera del conocimiento de lo creado y nosotros somos conscientes, nos damos cuenta de esa inteligencia; nos alerta y nos mantiene al tanto de sus funciones. Esa misma área, el tálamo, es la parte donde se graban los perfiles de todo lo que se percibe y crea un mapa, como un GPS de los mundos y experiencias a las que ha tenido acceso, un banco de memoria de todo a lo que ha sido expuesta. Nos da la libertad de movimiento y de escoger situaciones que son armoniosas con su conocimiento. Si detecta alguna dificultad, nos alerta para evitarla o genera los impulsos necesarios para ajustarla y superarla.

Este es un bosquejo imaginario de cómo surgió uno de los reinos —el más complejo de la creación—: el ser humano.

Yo conozco mi propio cuerpo y sus funciones. Tengo una intuición clara de la mayoría de sus funciones.

Mer— Ka— Ba

Comprendo que hay una dimensión de donde emana ese conocimiento. Ese conjunto de sensaciones que abarca todo lo creado y está agregado a este cuerpo material como un todo en evolucion. Una inteligencia que agrega recuerdos a todo lo que se hace y en alguna parte está grabada como un mundo interior que toma conocimiento o conciencia de su ser, que se da cuenta de todo y lo puede manifestar. Los conceptos y los estereotipos de los conocimientos humanos, sea en la rama que se manifiesten, no pueden abarcar el plano completo de la creación. Detrás de toda esta noción hay mundos de conocimientos que no son ni pueden ser captados por la mente humana. Nos podemos encerrar en los laboratorios y ver cada célula individual y descomponer una a una sus partes, ya sea en átomos o en todas sus partículas, ya sea en energías o en sus derivaciones, de la forma que cada ser quiera estudiar la composición de los cuerpos y entender sus agregados y sus cadenas de ADN. De una cosa estoy seguro: de que ninguno podría dar una descripción y un concepto que abarque todo lo que envuelve los procesos internos y divinos del ser.

Nota: — En mis investigaciones encontré una datación científica de una Doctora dos veces premio Nobel de ciencias biológicas del agua. Se trata de la Doctora **Linus Pailing**.

Mer— Ka— Ba

En sus estudios de la biología como la ciencia del agua ha descubierto que cada -1- (Litro) de agua de mar esta compuesta por una sopa marina que contiene; 965 cc agua, mas ácidos nucleicos, ADN, aminoácidos esenciales, proteínas, grasas, vitaminas, minerales; (un total de 118 elementos de la tabla periódica completa.

En adición a fitoplancton, zooplancton-krill - omega 3- huevos larvas de peces, cadenas de carbono, material articulado. Todo esto relacionado con los orígenes de la vida celular y para sorpresa mía, declara que el agua de mar es el nutriente mas completo de la naturaleza. Menciona que al añadir 3 partes de agua dulce a la de mar se obtiene una solución similar al **plasma humano.**
Esto significa que el cuerpo humano esta compuesto por los mismos elementos del agua salada.

Nota: — Esto demuestra que el cuerpo humano tiene los mismos elementos que el agua salada original, con una leve variación que observo de su comparación.

La variación del plasma humano usado para la prueba es el actual que se combino con el agua dulce para recrear la variación de la emigración del ser del agua salada a la tierra donde consumimos agua dulce y sal procesada.

Esto añadido a las otras pruebas comprueba mis declaraciones de que el ser humano se origino en el agua salada.

Los conocimientos gnósticos son la única fuente interna para armonizar nuestro ser racional con los atributos místicos y divinos que moran por herencia espiritual en nuestro interior, la maduración de nuestra alma y la conciencia personal.

La intuición del dios de nuestra conciencia nos eleva a una percepción de estados de exaltación al entrar en contacto con esa armonía divina.

La paradoja más grande —si así se puede llamar— es para mí poder probar que después de surgir esta primera célula de la combinación de sodio y potasio y otros agregados, luego, por evolución, da lugar al tálamo. Por consiguiente, si el ser procede de esta primera creación y dependía de los elementos sodio y potasio concentrados en el agua salada: ¿cómo es que sale de su primera fuente y sigue más tarde en el área de la Tierra, y luego depende del agua dulce para seguir subsistiendo?

Como es sabido, cuando surge la creación las emanaciones del Sol posiblemente eran muy concentradas y los elementos se acumulaban en los lagos y mares. El agua, al filtrarse por las porciones de tierra, se purificaba, a la vez que el ser se desarrollaba y poco a poco fue interactuando y emigrando gradualmente entre el agua salada y la tierra, y luego el agua dulce le sirve de subsistencia. No solo el ser humano desarrollo esta cualidad, otros seres llegó a la misma fase de evolucion al igual que el nosotros. La explicación lógica y que no estaba al alcance de la mente humana era que las emanaciones de sodio y potasio necesarias para la supervivencia procedían del propio Sol. De forma que existe una correlación entre el sodio y el potasio que están contenidos en las aguas y el sodio y el potasio que emanan del Sol al igual que un cúmulo de elementos que se concentraron el las diferentes atmósferas y materias de lo que era la tierra. Alguna transformación surge en la membrana para adaptarse a los dos ambientes y al adaptarse al oxígeno directo del ambiente fuera del agua, la membrana que ejerce este trabajo durante el periodo que estuvo sumergido en el agua, desaparece poco a poco cuando se va adaptando a la vida fuera del agua salada, el resto de los elementos de sal el ser empezó a consumirlos de la sal concentrada en las minas a orillas de los cuerpos de agua salada.

Esto da lugar a que la vida material de esa forma fuera posible tanto en la tierra como en el mar. El detalle que más me llama la atención es que en el principio surgió un destello de creación donde nació el primer efluvio de energía creadora, un fenómeno que no se ha vuelto a repetir en la faz de la Tierra. Todo lo que surgió en ese breve período de tiempo simplemente se manifestó. De esa manifestación surgieron todas las formas y funciones que heredó la creación en los reinos que la precedieron. Los reinos creados simplemente lo que han hecho es evolucionar de una primera manifestación y variar sus etapas de evolución, superando la primera etapa de creación por milenios. Simplemente, este impulso creador entró en funciones con los atributos que cualificó a cada parte de los que generó y las cualidades que dio a cada cosa creada desde un principio. La pureza original de la creación no se ha repetido desde que surgió la creación en su principio…

Esta deducción viene del razonamiento de que si la misma condición emanara constantemente, como en el origen, los elementos que se juntaron para lo que existe estarían creando todos los días nuevas formas de vida. Lo que observamos es que las formas originales evolucionan a estados más adelantados de sus propias y originales creaciones. Las criaturas y plantas surgen de sus antecesoras, heredando condiciones que ya han sido parte de una vida anterior. Estas nuevas evoluciones de las anteriores duplican prácticamente las características de las

Preliminares. Pero— ¿cómo surgir de la nada algo con rasgos totalmente nuevos, manifestando un ser desconocido? — No se ha producido en este plano terrenal, que se conozca.

Podemos bajar desde el ser más complejo hasta el más simple de la creación y encontramos las cadenas de ADN que siguen un patrón hereditario. — ¿Qué generó esas cadenas de herencia? — ¿De qué sustancia o esencia se generó el primer impulso creador, la cosa, como se llame, que interactúo en el primer momento que surgió la vida? _ ¿Qué cadena de emanaciones nos mantiene unidos en un conocimiento común de todos los fenómenos que arropa todo lo que se conoce? — ¿De dónde la gradación de emociones de las más diversas que nos caracterizan como raza humana? — ¿En qué escala se puede catalogar y medir estas vibraciones que no obedecen a las leyes materiales y que se proyectan en las escalas sublimes de lo que percibimos?

¿Por qué la variación infinita de estas escalas no puede ser captada totalmente por la mente humana? — ¿Cuál es la armonía de la creación y a qué planos pertenece o está dotada, y por qué y para qué? — Sabemos y estamos conscientes de que nos afecta directamente, y no podemos ni imaginar sus funciones verdaderas. Nuestra imaginación crea y es parte de ellas, pero no la dominamos.

Mer— Ka— Ba

Atraemos energías del plano cósmico y entran en función con nuestras energías que llamamos espirituales como físicas, y construyen en nuestro interior, y no nos damos cuenta de sus funciones específicas. Simplemente, sabemos que funcionan, pero no podemos catalogar esas funciones a capacidad. Usamos frases, verbos, de todos los renglones y no podemos ni siquiera evolucionar una idea clara de esas funciones. Si las abandonamos, siguen sus funciones sin que nos demos cuenta. Un interactuar de energías a todas las escalas que combinan los productos procesados por nuestro sistema glandular y el producto es agregado a nuestro cuerpo físico a la ves que formara parte de el armazón de la estructura celular y energética de lo que es una personalidad individual.

Hemos, como seres, descifrado la estructura atómica y dominado parte de los elementos de la física y la química de la materia a la que tenemos acceso directo por los medios a nuestra disposición. Incluso, hemos creado elementos nuevos, reuniendo las características de otros. Lo que no está físicamente accesible, por experimentos fiables podemos establecer su naturaleza o acercarnos a un conocimiento de sus estructuras; podemos medir, calcular ondas, frecuencias, todos los componentes atómicos, etcétera. Hemos podido descifrar, en mayor o menor grado, las formas y estructuras de lo que nos rodea, pero en sus funciones como un todo nos colgamos ante las leyes de la creación.

Un conjunto tan excepcional de energías de todas las clases que no dominamos y están presentes en la vida simple o compleja nos empaña el entendimiento. Simple cuestión: estamos a las puertas de las revelaciones más extraordinarias que acabo de plasmar en este escrito.

En las antiguas escuelas de aprendizaje de los países de Egipto, Grecia y Mesopotamia se utilizaban métodos de enseñanza que dotaban a discípulos y maestros de un conocimiento superior en la realización de ese conocimiento. ¿Cómo el ser humano, a través de procesos voluntarios, podía influir en los procesos de creación y capacitar su cuerpo y mente para funciones superiores en el manejo de esas energías? — Las leyes de resurrección —viaje astral—, la reencarnación, donde percibía que el nuevo ser heredaba de su anterior vida cualidades del alma-personalidad que no se destruían o perdían con el cambio. Las mismas que con un proceso ya conocido se pueden accesar y recrear en este plano para el adelanto espiritual que todos buscan adelantar.
Se demostraba que en un nuevo ser se manifestaba algo de un ser anterior y que simplemente seguía su

evolución a etapas más adelantadas de conocimiento y madurez. Se les conoció como las escuelas herméticas esotéricas o de los misterios.

Nota: — En un solo dia he descubierto más información de la que me podía imaginar. Estoy frente a otra prueba de como este conocimiento era ya de dominio de los sabios egipcios y otros místicos de la epoca, como los esenios y si ellos lo tenían, Jesus debió ser participe de ese legado, y elevarlo a su rango de ser especial y poder legar a la humanidad el conocimiento de uno, el mas grande Avatar de la humanidad.

En una entrevista de Brad Hunter a la **Dra. Kristen Neiling**
Esta entrevista gira en torno a sus investigaciones para la "NASA"— Miembro del consejo para la paz de las naciones unidas Unida al grupo de catástrofes de la Cruz Roja Internacional.
Basándose en los estudios de datos astronómicos y el estudio de comportamiento humano nos anticipa lo que será un salto, un adelanto en el comportamiento humano.
Ella describe que un conocimiento antiguo practicado en diferentes lugares y culturas ella lo describe como "El Mer— Ka — Ba— " Descubierto por ella en los años de 1990.

Mer— Ka— Ba

El principio de sus observaciones se basan en que el campo electromagnético de la tierra. Las variaciones afectan las energías de la tierra y materia animada, la tierra se orienta ella misma y re ordena sus campos a las variaciones. Los animales lo hacen también, el único que no lo hace es el ser humano.

Sus descubrimientos van dirigidos a orientar a los seres humanos que a medida que el cuerpo ha perdido esa orientación su capacidad de adelanto espiritual se ha afectado y la degeneración de la calidad humana depende de esto. Las civilizaciones cada dia se va alejando de muchos conocimientos que le daban un perfil de adelanto cultural y físico y espiritual.

Los ejercicios se practicaban en épocas muy antiguas y los principales conocedores de esas energías y saber eran los egipcios, Esenios, hindúes, sectas la antigua Mesopotamia etc.

Las observaciones se derivan de Conocimiento antiguo que descubre en su estudio de los "Rollos del Mar Muerto" que estudio para la misma agencia.

Que sorpresa para mi que tengo ese conocimiento desde 1977 al 1982, como miembro de una orden mística (AMORC)

Hace referencia a que esto era un rito que se practicaba desde mucho antes de los hebreos,

Mer— Ka— Ba

egipcios, Esenios y otros adelantados estudiantes de la epoca de Los primeros filósofos de Grecia y Alejandría.

El (Mer Ka Ba) La trilogía de la composición interna del ser humano.

Mer — es un campo de energía en rotación de giros opuestos en un mismo lugar.

Ka— Es el cuerpo

Ba— es el alma

Nota: Tanto esta energía del campo electromagnético de la tierra corresponden al campo de radiaciones del sol y una trilogía con las energías lunares que influyen directamente en la energía. **Mer KA BA- Este era un conocimiento que Jesus utilizo en su ritual de resurrección. Ver libro Cabala Mistica (El ultimo Secreto de Jesus).**

En las tumbas de los egipcios este era el pájaro con cabeza humana representando el alma en forma de pájaro. Una forma de mimetizar el ave con el alma como que es el que viaja a otros confines de la tierra y regresa en otra estación o cambio lo mismo que el alma.

Mer— Ka— Ba

La posición que se demuestra en las estatuas con los pies separados, las manos en los muslos y la serpiente (ANK) protectora de el tálamo en el cuerpo, que ya ellos asumían como el lugar donde estaba el deposito del alma en ser, el tálamo. Muchos rituales se desarrollan bajo este mismo principio y creencias. Los sacrificios de enemigos golpeando con una masa en el centro de la cabeza era la forma de hacer que se desprendiera el alma de los enemigos del cuerpo. Al hacer esto dentro de la tumba funeraria era para que las almas acompañaran al faraón al otro lado donde serian juzgados., para ofrecer y demostrar su poder, delante de los dioses.

Porque la diversidad

Después de millones de años de habitar y haber desarrollado un sistema bastante adelantado y complejo donde surgen los sistemas de visión por las emanaciones de luz y muchas cualidades que se iban perfeccionando de acuerdo con sus necesidades de supervivencia, el hecho de habitar en un área de agua los capacitó de formas para respirar en el agua por períodos cada vez más cortos. El interactuar del agua con la tierra y viceversa creó otras alternativas para sobrevivir.

En el ser se manifiesta esto en la placenta, donde se desarrollan las criaturas. Este sistema de

Mer— Ka— Ba

reproducción no ha cambiado nunca hasta el día de hoy: el ser es mantenido en una bolsa de líquido. Una membrana creada para proteger un cuerpo a la misma capacidad que se creo la protección de la primera célula donde esta contenido un duplicado de la creación. Estas son leyes universales de lo creado y la conservación de las inteligencias del que las creo ha dotado al ser de esas funciones tan delicadas como su propia emanación.

Se formaron riñones para purificar los líquidos y un sistema para procesar alimentos parecidos al de una lombriz de tierra. A la sazón, la lombriz de tierra posee más de un corazón —algunas, siete— y es un simple modelo de lo que es nuestro sistema interno de procesar alimentos.

Otros sistemas aledaños complementaban la subsistencia, como los pulmones, que cada vez adquirieron más capacidad para filtrar el aire. En el área de la cabeza se manifiesta una membrana en la criatura recién nacida que respira por ella por un período de adaptación, modelo de su existencia sumergida en el agua. Han hecho experimentos donde la criatura puede seguir sumergida sin necesidad de respirar por la nariz o boca después de nacer. Incluso, recuerdo a mi madre que soplaba esta área a los niños en caso de asfixia. Esto nos da una noción y prueba de que todavía nos quedan vestigios de los cambios que se operaron al emigrar del agua a la tierra. Es una cualidad que se manifiesta también en otras especies conocidas.

Un mapa de la creación

Cada filamento nervioso recorre los confines de nuestro ser físico y establece una de las redes de comunicación más complejas y perfectas que se pueda imaginar el ser humano. Penetran cada terminal y cada rincón donde se encuentre alguna función en proceso. Funcionan como las raíces de las plantas en la naturaleza. Su función es ocupar un área específica para establecer otro centro de sensibilidad, donde recogen información y la regresan al centro de mando, que es el cerebro, el tálamo y sus glándulas secundarias. Pero esto no termina ahí: son responsables de llevar a todos los componentes de la creación los datos e instrucciones para activar la sensibilidad que nos da una reacción de protección en caso de peligro; en adición, en caso de alguna lesión o disturbio por enfermedad activan los demás centros de control para que generen las reacciones necesarias para establecer la armonía y conservar las leyes funcionando a toda capacidad. Sin este tipo de control, el ser humano no hubiese sobrevivido la cantidad de tiempo que ha logrado con la evolución.

Solo nuestro subconsciente se da cuenta de las actividades a las que podemos acceder internamente. Un ejemplo claro de la potencia de estas energías internas que se pueden manifestar está relacionado con los ataques epilépticos. Las descargas son tan potentes que hacen contraer nervios y músculos del cuerpo, donde se manifiestan las contorsiones del afectado. La misma reacción se observa en la carne que recibe una descarga eléctrica.

La estructura completa del cerebro deriva de glándulas endocrinas que responden a las necesidades de supervivencia, además de todas las funciones complejas que ha desarrollado el ser humano, controlado por este pequeño centro de comunicaciones, en asociación con el tálamo y energías que penetran nuestro sistema, cargándolo de átomos y reacciones que no controlamos y que viajan a todos los confines de nuestro cuerpo y fuera de nuestro cuerpo.

La primera célula que empieza a aglutinar un cúmulo de células que forman una masa o cuerpo que se convierte luego en el tálamo desarrolla una especie de pie o abertura que brota de una masa central que utiliza para excavar y sujetarse. Esta protuberancia que tiene un tubo hueco le servía para desplazarse y detectar movimientos de otras especies, y, a la vez, para succionar materia que combinaba con las proteínas para seguir creando lo que sería un cuerpo. Desarrollaron masas cerebrales, pédicas y viscerales. A través de las protuberancias huecas se desarrolló un sistema nervioso que constaba de sistemas neuronales y redes que interactuaban entre sí. Creó luego una extensión que se desarrolló en lo que fue luego el cuerpo, un agregado de masas para conformar una estructura más compleja que diera abasto a sus necesidades.

El corazón, en un saco transparente, tiene pericardio y aurículas de forma irregular, y ventrículos. Desarrolló aortas, que lleva sangre a todo el cuerpo; la sangre regresa al corazón a través de sistema venenosos. Este pequeño esquema de evolución, en funciones parece el desarrollo del ser humano hasta donde la naturaleza puede expresarse. Nuestra evolución tiene que haber sido un proceso diferente y más complejo, pero los procesos de evolución son consonantes a ejemplos como estos.

XII — Claude Allegre

Los descubrimientos de este científico francés que corrobora la teoría. Experimento "Las rayas negras del sol". Cuando la oscuridad procede de la luz o se complementan (página 73: Un poco de ciencia para todo el mundo) Newton había demostrado que la luz era el resultado de la combinación de los siete colores fundamentales. Las refracciones a través de prismas descomponen la luz blanca que ingresa en nuestro sistema en un espectro que refleja los siete colores del arco iris. Creo haber leído en el Antiguo Testamento, al final de su inclusión en la Biblia, una declaración del que recibió ese conocimiento. Declara que Dios, el Padre Creador, afirma su compromiso y dice que para que se sepa que Él recordaría el compromiso con su pueblo se manifestará en los siete colores del arco iris. De momento, recordé estos detalles y debo constatarlos. Si esta fuera una declaración real, sería el primer dato que demuestra que los egipcios y los antiguos hebreos tenían dominio y conocimiento de la creación y los detalles de la evolución del ser.

En los experimentos de Bunsen y Kirchhoff para demostrar la refracción de la luz solar y por qué se producen los fragmentos de luz a oscuras en el espectro solar al arrojar polvo de sodio a una llama y analizar mediante un prisma el color emitido se verificó que el sodio está dotado de rayas características, bien definidas. Al hacer el mismo experimento con potasio, comprobaron que las rayas existen, pero que son diferentes.

Estudiaron todos los cuerpos químicos posibles para analizar los componentes químicos del Sol y, más tarde, de las estrellas lejanas. Así nacen la astrofísica y la química cósmica.

En el experimento de Fraunhofer, identifica las rayas negras del espectro solar, cuál era su origen. Cincuenta años más tarde, Bunsen y Kirchhoff observaron que, entre las rayas del espectro solar, dos de ellas correspondían a las rayas del sodio que habían identificado en el laboratorio. Así, pues, decidieron poner delante del prisma con que analizaron la luz solar una llama con sodio. Para su sorpresa, las dos rayas negras se hicieron más negras. Kirchhoff avanzó entonces a la hipótesis de que el sodio de la llama había absorbido las rayas emitidas por el sodio solar.

Descubrieron que el sodio emite y absorbe las mismas rayas. De ahí se pasó a otra deducción: si esas mismas rayas de emisión de odio existen en el espectro solar normal, entre el prisma existe sodio que absorbe esas mismas rayas. Le atribuyeron la absorción de sodio a la atmósfera terrestre.

Sería un error, porque si la absorción de las rayas procede de una atmósfera, esa es del mismo Sol. Dicho de otro modo, si el espectro solar contiene rayas negras es porque la composición química de la atmósfera solar filtra, elimina y absorbe ciertas rayas de luz emitidas por el interior del Sol. El Sol emite luz y, a su vez, su atmósfera absorbe parte de ella. Por lo tanto, las emanaciones solares hacia la tierra y el agua incluyen el sodio y el potasio que se concentran en los dos cuerpos.

XIII. — La edad heroica de la espectroscopía

A continuación se reproduce el capítulo "La edad heroica de la espectroscopía", del libro Historia de la Física, de Desiderio Papp

(Espasa-Calpe).

Los mejores telescopios de la época salieron más tarde, de manos de este gran maestro de la óptica. En el curso de un ensayo con un prisma de excepcional claridad, Fraunhofer tropezó, en 1814, con el mayor hallazgo de su vida: el prisma había extendido la luz solar en un amplio espectro que el sabio observó a través del telescopio de un teodolito. Vio con sorpresa el espectro atravesado verticalmente por numerosas líneas oscuras.
Por cierto, no era el primero en ver esas enigmáticas rayas; dos años antes que él, el físico y químico inglés Hyde Wollaston (1766-1828) las percibió a lo largo de las bandas de los cuatro colores principales del espectro. Las tomó por las líneas divisorias que

separan un matiz de otro y no les prestó atención. Fraunhofer contó más de quinientas rayas, y designó a las más aparentes con letras del abecedario, creando de este modo la base de una nomenclatura que sus sucesores no tuvieron más que ampliar. A cada raya, reconoció, corresponde una refrangibilidad exactamente determinada. Al examinar las líneas para diferentes del Sol, vio que aquellas no se movían; probablemente, sospechó Fraunhofer, son inherentes a la fuente misma de la luz. Su interés fue desde este momento poderosamente estimulado: hizo pasar los rayos de la Luna y del planeta Venus a través de un prisma. Sus espectros aparecieron cruzados por las mismas líneas que había encontrado en la luz solar. Los espectros de varias estrellas desfilan sobre la pantalla en los meses siguientes; algunas de estas estrellas, como la Cabra, muestran reproducciones, aunque más débiles, de las líneas solares; otras patentizan un diseño distinto. Justamente en esta época, hacia 1818, llegan de Francia noticias sobre las investigaciones de Fresnel; la evidente interpretación dada por el físico francés a la difracción impresiona profundamente al óptico bávaro, firmemente convencido del acierto de la teoría ondulatoria. En una serie de observaciones, reemplaza el prisma por placas de cristal y de metal, sobre las cuales ha trazado estrías muy próximas las unas de las otras, hasta trescientas en un milímetro. Estas redes de difracción le sirven para medir la longitud de onda de las líneas oscuras del espectro. Admirable es la exactitud de sus mediciones, cuyos errores son inferiores a un 1 por 1000. Fraunhofer no se limitó a observar las fuentes luminosas celestes; las llamas de las bujías y de las lámparas de aceite le presentan espectros continuos y sin límites. No escapó a su atención que la introducción de una sal en la llama hacía aparecer en el espectroscopio rayas brillantes y vio que la raya amarilla dibujada por la llama del sodio se escindía en dos líneas al pasar a través de un prisma más poderoso. Las buscó en el espectro solar y no tardó en percatarse de que la raya doble se marcaba exactamente en el mismo sitio donde se encontraban en el espectro solar dos rayas negras, que lo habían intrigado desde el día de su descubrimiento y que había designado con la letra D. Presentía la importancia de la enigmática coincidencia, sin lograr interpretarla. Otras investigaciones de orden práctico le absorbieron y las misteriosas líneas le servían como señales de referencia en sus búsquedas de los índices de refracción de diferentes clases de cristales. Su arcano no lo perturbó más. Como Fresnel, Fraunhofer murió de tuberculosis y a la misma edad que el genial francés: a los treinta y nueve años.

Tres decenios hubieron de transcurrir después de la muerte del descubridor antes de que Bunsen y Kirchhoff llegaran a descifrar el enigma de las rayas oscuras de Fraunhofer y crear el magnífico instrumento de exploración que es el análisis espectral. Durante ese tiempo, muchos investigadores rozan el descubrimiento, que siempre se desliza de sus manos. Talbot y J. Herschel reconocen que una misma sustancia que colorea la llama del alcohol emite siempre las mismas rayas. "Cuando en el espectro de una llama —enuncia Talbot— aparecen ciertas y determinadas rayas, estas son seguras características del metal contenido en la llama". Wheatstone amplía las observaciones estudiando la luz del arco eléctrico, y encuentra rayas diferentes según los metales empleados en los electrodos. Miller hace atravesar rayos solares por vapores de yodo y bromo para examinar las líneas de absorción. Atisbos de conocimientos nacen sin dar una certeza. Foucault, tan hábil en otros experimentos, tantea esta vez en la oscuridad y no llega más allá de la especie de la raya D del sodio. Siguen el sueco Angström y los ingleses Swan, Stokes y Brewster. El último reconoce que ciertas líneas oscuras en el espectro solar son engendradas por a absorción de los rayos en la atmósfera terrestre. Más todos estos sabios solo hacen hallazgos aislados e incoherentes; por último, en 1859, surge el capital descubrimiento de Bunsen y Kirchhoff: enuncian con claridad la ley y logran las primeras aplicaciones.

Mer— Ka— Ba

El químico R. G. Bunsen (1811-1899), experimentador tan inventivo como incansable, y el brillante teórico de la física G.Kirchhoff (1824-1887), ambos profesores de la vieja y renombrada Universidad de Heidelberg, se complementaron del modo más feliz y su colaboración no pudo ser más fértil. Las llamas coloreadas por sustancias dadas llamaron la atención de Bunsen, que se esforzó en obtener de ellas un medio seguro para identificar cuerpos químicos. Evidentemente, era menester ante todo disponer de una llama realmente pura. La del alcohol, con las inevitables impurezas introducidas por la mecha, no se prestaba; el gas de alumbrado parecía más adecuado. De los ensayos de Bunsen para mezclar aire con gas de alumbrado sin explosión salió en 1884 el mechero que lleva su nombre, fuente de una llama constante, pura, sin luminosidad, auxiliar indispensable desde entonces en los laboratorios. Bunsen no se contenta con observar a simple vista los colores engendrados por diferentes sustancias en la llama de su mechero: los examina, siguiendo el consejo de Kirchhoff, a través de prismas.
Los resultados lo condujeron muy pronto a reconocer que las rayas brillantes emitidas por vapores metálicos e incandescentes son independientes de la temperatura, independientes también de los elementos con los cuales los metales están combinados, y ofrecen características seguras y constantes de los cuerpos químicos, aunque se

presenten en cantidades mínimas. Basta menos de una diezmillonésima de gramo de sodio para producir la doble raya amarilla que sigue indicando todavía la presencia de este elemento cuando la química analítica no llega a descubrir el más leve vestigio de este. El estudio de las rayas emitidas por varios cuerpos, sea en la llama, sea en el arco voltaico o sea en la chispa eléctrica, convencieron a Bunsen de la seguridad de su método, muy pronto brillantemente confirmado por el descubrimiento de dos nuevos elementos. El rubidio y el cesio, encontrados por Bunsen en 1860 y 1861, respectivamente, recibieron sus correspondientes nombres por las rayas espectrales que permitieron encontrarlos. El análisis espectral por emisión estaba fundado. Exigía ser completado para convertirse en un instrumento cuyo alcance —una vez más, como en los tiempos de Newton— se extiende de la Tierra a las lejanías del cielo. La trascendental amplificación —de la eficacia del análisis espectral significó la solución del enigma todavía abierto de las líneas de Fraunhofer y fue la obra de Kirchhoff.

Producir en el laboratorio, artificialmente, líneas de Fraunhofer en el espectro fue el primer y decisivo éxito que dio la clave del problema. Kirchhoff y Bunsen ejecutaron la hazaña de manera que una vez realizada parece muy sencilla. Kirchhoff encendió una intensa llama engendradora de un espectro continuo: en el trayecto de los rayos, colocó una lámpara de alcohol con solución de sales de sodio, emisora de la característica doble raya amarilla. Instantáneamente, las líneas amarillas y brillantes se convirtieron en líneas negras D, idénticas a las del espectro solar. Si en lugar de sales de sodio tomaba cloruro de litio, veía la raya roja característica del litio volverse oscura. Reconoció que basta colocar llamas coloreadas, fuentes de líneas brillantes, entre una fuente luminosa suficientemente intensa y la pantalla de un espectroscopio para ver que las llamas absorben los rayos de la misma longitud de onda que emiten, e introducen en el espectro, en su lugar, rayas negras.

"Concluyo —escribió Kirchhoff en octubre de 1859 a la academia de Berlín— que las líneas oscuras del espectro solar que no están producidas por la atmósfera terrestre se originan por la presencia en la candente atmósfera solar de aquellas sustancias que en el espectro de una llama presentan líneas brillantes en el mismo lugar. Podemos admitir que las líneas brillantes del espectro de una llama, que coinciden con las líneas D, se deben siempre al contenido de sodio de estas. Las líneas oscuras D en el espectro solar permiten concluir, por ello, que se encuentra sodio en la atmósfera del Sol."

Como los gases de la envoltura solar son más fríos que el astro, un elemento dado de la atmósfera solar es incapaz de reemplazar por su propia radiación los rayos que ha absorbido.

Así nacen las líneas oscuras en el espectro solar, lagunas que traducen la ausencia en la luz de rayos de elementos dados, y su presencia en el Sol. El enigma de las líneas de Fraunhofer estaba, pues, resuelto, y al mismo tiempo abierta la posibilidad del análisis químico del Sol, posibilidad considerada algunas décadas antes por el filósofo francés Augusto Comte como un sueño fuera del alcance humano. Más aquí no se detuvo Kirchhoff; dos meses después de su primera comunicación a la Academia de Berlín, procedió a la generalización y a la prueba rigurosa de la ley que había encontrado. Introdujo una nueva noción, la del cuerpo perfectamente negro, susceptible de absorber por completo los rayos de todas las longitudes de onda y no reflejar ninguno. Tal cuerpo, un radiador integral, no existía en ese momento más que en la imaginación de Kirchhoff, y fue realizado técnicamente más tarde, en 1895, por Wien y Lummer. Una vez definido el cuerpo negro, Kirchhoff demostró la validez de la igualdad donde e es el poder emisivo, a el poder absorbente de un cuerpo cualesquiera, y E y A los poderes de emisión y absorción del cuerpo negro. Como este absorbe todos los rayos, A es igual a la unidad, de modo que el cociente de los poderes de emisión y absorción de un cuerpo dado e/a es una constante bien determinada. Y Kirchhoff enuncia su ley: para las radiaciones de la misma longitud de onda, a la misma temperatura, la relación entre el poder de emisión y el poder de absorción es siempre la misma.

La idea, convertida en realidad por el descubrimiento de Kirchhoff y Bunsen, de que es dado al hombre penetrar la naturaleza química de sustancias separadas de nosotros por infranqueables abismos del espacio, pareció no solo a Augusto Comte, el profeta desmentido, sino a los testigos mismos de la hazaña, increíble y utópica. Divertido es leer las palabras de Kirchhoff en una carta escrita en 1859 a su hermano Otón: "Mi tentativa, el análisis químico del Sol, parece a muchos muy atrevida. No estoy enojado con un filósofo de la Universidad por haberme contado, mientras paseábamos, que un loco pretende haber descubierto sodio en el Sol. No pude resistir la tentación de revelarle que ese loco era yo".

Con la ley de Kirchhoff, la interpretación de los espectros recibió una sólida base, y el desciframiento de las señales espectrales pudo iniciarse, apoyado de una parte por el conocimiento cada vez más profundo de los espectros de emisión de los elementos químicos, y de otra parte por el creciente poderío de los aparatos. Al espectroscopio de Kirchhoff y Bunsen se asoció la red de difracción; con los progresos de la máquina de dividir, el físico americano Enrique Rowland creó en 1882 las redes formadas por estrías de sorprendente sutileza, hasta 1100 en un milímetro. Rowland aplicó también la división en surcos a espejos cóncavos.

Kirchhoff trazó un mapa del espectro solar, asignando a un gran número de líneas los elementos químicos que las engendran. El Sueco A. J. Angström le siguió; fue el primero que describió las rayas solares en términos de longitud de onda. En el mismo año, 1868, el astrónomo inglés G. Huggins dirigió el espectroscopio hacia Sirio y aplicando el efecto Doppler midió el corrimiento de las líneas, provocado por el alejamiento del astro. Así evaluó por primera vez la velocidad radial de una estrella. Pocos meses antes, todavía en el mismo año de 1868, un eclipse total de Sol dio una evidente prueba de la certidumbre del descubrimiento de Bunsen y Kirchhoff: durante pocos segundos la fotosfera del Sol estuvo cubierto por la Luna y repentinamente aparecieron, en lugar de las líneas oscuras, las correspondientes líneas brillantes del espectro relámpago emitidas por la atmósfera solar, que gracias al eclipse, era la única que resplandecía. Una nueva ciencia nació: la astrofísica. En las décadas que siguieron a la hazaña de Kirchhoff y Bunsen, dicha ciencia puso, en medida creciente, al alcance de la exploración fisicoquímica, no solo el Sol y las estrellas, sino que también el ojo espectroscópico penetró hasta el interior de las nebulosas, alejadas de la Tierra por varios millones de años luz. Contrariamente a lo esperado, ningún cuerpo químico desconocido en la naturaleza terrestre dibujó sus rayas sobre las placas de los espectrógrafos. Cuando en 1869 las líneas del helio fueron señaladas por el inglés J. Lockyer y atribuidas de primera intención a un elemento que solo existiría en el Sol, se terminó por encontrarlo (1895) como formando parte integrante de la atmósfera del globo. El análisis espectral reveló la analogía química entre los astros y elevó al rango de certeza la concordancia sustancial de la Tierra con las estrellas más remotas de la Vía Láctea y aun de las galaxias lejanas. La demostración de la unidad material del cosmos explorable es la sublime lección, históricamente la primera, que nos fue concedida por el espectroscopio, gracias a Kirchhoff y a Bunsen. Sin embargo, este éxito, a pesar de lo magnífico, solo es uno de los numerosos aspectos de los conocimientos abiertos por el desciframiento de las líneas espectrales. Estas nos suministran también mensajes de procesos en el mecanismo atómico engendrador de las rayas espectrales. Son como el eco lejano de los cambios de configuración que se cumplen en el universo de lo infinitamente pequeño. Casi la totalidad de los progresos realizados en el transcurso del siglo XX, en la exploración del interior atómico, los debemos a la profundizada interpretación de las rayas espectrales. ¡Haber extendido los alcances de la investigación a la vez a las lejanías del macrocosmos y a las profundidades no menos insondables del microcosmos es la trascendencia de la obra de Kirchhoff y Bunsen, comparable, en su majestuosa amplitud, a los descubrimientos de Newton!

La hermosa simplicidad de los espectros, tal como se manifestaron en las experiencias de los dos iniciadores, debió pronto ceder el paso a la comprensión de que el espectro depende no solo de los cuerpos en presencia, sino también de la manera en que están excitados. El espectro de un elemento dado cambia según sea vaporizado en un arco voltaico o excitado a la radiación por descargas eléctricas. A los simples espectros de llama se agregaron los espectros de arco y los de chispa, a mayor temperatura que ellos, los últimos estudiados desde 1865 por los alemanes Julio Plucker y Guillermo Hittorf. Aquí comenzó una larga serie de trabajos descriptivos destinados a fijar exactamente los espectros de emisión de los diferentes elementos, varios de los cuales, como los del hierro, revelaron su extrema complejidad. Imposible es seguir aquí la crónica de las laboriosas y pacientes investigaciones que condujeron, sobre todo gracias a Kayser y Runge, en Bonn, y más tarde a Exner y Eder, en Viena, a verdaderas enciclopedias de las rayas espectrales.

Mer— Ka— Ba

Una vez medidas, después de un gigantesco trabajo, las rayas espectrales, y asignadas a cada elemento las suyas, surgió la cuestión de si la distribución de las líneas características de un elemento dado, dispersadas en toda la longitud del espectro, no está sometida a un orden rítmico. Se podía presumir que una cierta periodicidad les era propia. Una cuerda vibrante guarda en sus sonidos un cierto número de notas que pueden abarcarse en una fórmula. La simple fórmula que la teoría había establecido para las vibraciones sonoras, ¿sería imposible encontrarla para las vibraciones luminosas?

El sabio suizo J. J. Balmer (1825-1898) no fue el primero en proponerse esta tarea, pero sus émulos no tenían su inagotable paciencia ni compartían su inquebrantable convicción de que la ley buscada existía. Balmer, maestro de dibujo, tan artista como sabio, estaba persuadido de la omnipresencia de relaciones armónicas en los fenómenos físicos y no admitía que el espectro pudiera ser una excepción. Su perseverancia suiza acabó por triunfar en 1885, cuando tropezó, después de muchos cálculos, con la relación numérica que rige entre las rayas del hidrógeno en la parte visible del espectro.

La fórmula empírica de Balmer describe con extraordinaria exactitud la longitud de onda de las rayas del hidrógeno, donde k es una constante y m puede tomar valores enteros a partir de tres. Kayser y Runge reemplazaron en la ley de Balmer la longitud de onda por la frecuencia y obtuvieron la fórmula que se traduce en la notación actual por: donde R es una constante y n un número entero superior a 2; a cada valor de n corresponde una raya. Las frecuencias de las rayas del hidrógeno obedecen admirablemente a la fórmula de Balmer. En su descubrimiento se escondían, además, conocimientos que el investigador suizo estaba lejos de sospechar. Su hallazgo se convirtió pronto en un verdadero instrumento de profecías. La fórmula, generalizada ya en nuestro siglo por Walter Ritz (1908) permitió prever no solo una, sino un conjunto de series de rayas de hidrógeno en el espectro ultravioleta e infrarrojo. La experiencia ha justificado magníficamente los pronósticos y por lo menos en el espectro del más sencillo de los átomos, el de hidrógeno, el caos cedió al orden rítmico y todas sus rayas reunidas en una fórmula se sometieron a la ley de Balmer-Ritz. Además, se reveló que las líneas de otros elementos también obedecen a fórmulas semejantes, aunque más complejas. Son representables por diferencias de expresiones cuadráticas. Particularmente, la constante R de la ley se encuentra en la serie de rayas espectrales de todos los elementos; es un dato universal y fundamental, como lo ha demostrado el físico sueco Rydberg, cuyo nombre quedó vinculado con la constante R.

Al establecer una relación fija entre emisión y absorción de la radiación, Kirchhoff abrió, como acabamos de ver, el camino al magnífico surgimiento de la espectroscopia; su ley aclaró muchos problemas, mas también hizo nacer otros. Los cuerpos negros que absorben por completo rayos de todas las longitudes de onda los emiten también de todas, estando, pues, dotados del máximo poder emisivo. Este depende solo de la temperatura. ¿Cuál es la ley de esta dependencia? La ley que vincula la radiación total del cuerpo negro con la temperatura. Apoyado en las mediciones de J. Tyndall y de otros, el físico austriaco J. Stefan (1835-1893) dedujo en 1879 que la radiación total del cuerpo negro es proporcional a la cuarta potencia de su temperatura absoluta. Una vez determinado el número de calorías irradiadas en un segundo por un centímetro cuadrado de cuerpo negro, la ley de Stefan permitió calcular la temperatura del Sol, en cifras redondas, en 6000 grados centígrados, a condición de que el Sol sea un cuerpo negro que absorba toda radiación, condición que parece, según recientes experiencias, conforme a la realidad.

¿Cómo está distribuida la radiación del cuerpo negro sobre las diferentes longitudes de onda del espectro?

Este problema ya preocupaba a Kirchhoff. Si se calienta un trozo de carbón o hierro, junto a los rayos infrarrojos y rojos, que son los primeros en aparecer, surgen con la temperatura creciente amarillos, azules y violetas. El dominio de los rayos emitidos se desplaza, pues, de la baja a la alta frecuencia. G. Wien estudió esta relación, encontrando en 1894 la ley del corrimiento que lleva su nombre: con temperatura creciente, el máximo de la intensidad de radiación se desplaza de las longitudes de onda mayores a las menores, de modo que el producto de la temperatura absoluta por la longitud de onda correspondiente al máximo es una constante.

La ley de Stefan es un hallazgo empírico; el físico austriaco L. Boltzmann le dio el apoyo necesario, conforme a la teoría electromagnética de la luz, sólidamente asentada por Maxwell.
Mas el éxito se reveló bien pronto precario. Ninguno de los pensadores del siglo XIX que se volvieron hacia el problema de la radiación del cuerpo negro fue capaz de dar una satisfactoria interpretación de la repartición espectral de la energía. Mientras que la característica curva en campana obtenida experimentalmente presentó un máximo cuya posición estaba reglada por la indicada ley de Wien, la teoría exigía una curva cuyas coordenadas crecen hasta el infinito, cuando la longitud de onda aumenta. La naturaleza reveló una vez más que sus

leyes no siempre se acomodan a los razonamientos de nuestro espíritu.

Solo el siglo XX libera a la física del atolladero a que la condujera la patente contradicción entre teoría y experiencia. Con la nueva centuria nace la nueva doctrina; el 14 de diciembre de 1900 sugiere Max Planck (1858-1947) la innovadora idea de considerar la emisión radiante como un proceso discontinuo que se efectúa mediante elementos aislados de energía, poseedores de una determinada magnitud. Tal elemento, el cuanto, es proporcional a la frecuencia del rayo, siendo el factor de proporcionalidad una constante universal de la naturaleza, la famosa constante h que debía más tarde inmortalizar el nombre de su descubridor. Así, la energía de un cuanto está dada por la fórmula. La lucidez de este pensamiento aclaró de golpe el enigma de la radiación del cuerpo negro, explicando inmediatamente la variación de la curva en campana, cuyos caprichos habían desconcertado a los investigadores. Tal éxito no fue más que la primera proeza de la nueva teoría. En la hipótesis de Planck se escondía el fértil germen de la mayoría de las inauditas y maravillosas ideas que debieron transformar, hasta hacerla irreconocible, la imagen del mundo físico. Una de sus más resonantes victorias debía ser la aplicación de las rayas espectrales por la cambiante configuración de los

electrones intraatómicos. La ley de Balmer-Ritz describió admirablemente las rayas del hidrógeno, pero nada reveló de por qué un elemento irradia cierta línea y no otra; dejó por completo en sombras el misterioso lazo que une la radiación con el átomo radiador. Solo cuando el agudo danés Niels Bohr (1913) introdujo el cuanto en el interior atómico, dando a los electrones
circulantes trayectorias regidas por la constante de Planck y cuando supuso, con una atrevida hipótesis, que el electrón emite luz al saltar de una órbita a la otra, logró obtener de las diferencias energéticas de las órbitas la frecuencia de la radiación emitida. Como por encanto aparecieron en su cálculo las frecuencias de las líneas espectrales. Pero en este momento la edad heroica de la espectroscopia hacía mucho tiempo que pertenecía al pasado.
Nota:
Bajo todos los descubrimientos se destaca el hallazgo de la Dra. **Kristen Neiling sobre el MER KA BA.** Están relacionados con rodos estos descubrimientos, que no contemplaron el panorama del cuerpo humano. Se concentraron más bien en los efectos en espectro físico del cosmos y a la misma vez estaban exponiendo la información correcta, sin darse cuenta de lo que y a los antiguos practicaban de sus rituales.

El tálamo:

Mer— Ka— Ba

La primera glándula de la creación procesa sodio y potasio para crear las proteínas según lo expuse en párrafos anteriores.
Allegre dio en el clavo con sus observaciones de Bunsen y Kirchhoff sobre el sol y sus emanaciones a la tierra..

El misterio solo yo en este momento pude reconocerlo y atarlo a la teoría propuesta en mi primer libro, "<u>Por la pluma del ave y la flor seca</u>". El Sol emite energías que irradian hacia la tierra partículas de sodio y potasio, los elementos básicos de la creación, junto con el fósforo, el azufre, el carbono, el oxígeno, el hidrógeno, sales y aceites de la composición de otros elementos que entran en el juego de la evolución. Son elementos que se concentraron en las aguas de los lagos y mares, y contenidos en la propia tierra. La primera etapa de evolución del ser está basada en el interactuar de estos elementos y una energía que rebotó en los elementos sodio y potasio, y activó o encendió la chispa de la vida en el planeta Tierra. Es posible que en todo el universo operen las mismas leyes. El cuerpo y la naturaleza crean y fabrican con los materiales y elementos por agregación y suplen las necesidades. Es también por esa agregación de materias que se crean las cualidades heredadas y que luego se manifiestan en la cosa creada. Es una cualidad de la creación el sumar materias a las ya existentes y generar nuevas formas y energías.

La ovogénesis que se estudia actualmente es un fenómeno que tiene un patrón similar a esta etapa de desarrollo primitivo.
Posiblemente, como sucede en otras especies, el ser humano tenía la habilidad del cambio de sexo en sus etapas originales cuando posible las dos cualidades estuvieran contenidas en un solo cuerpo físico. Si se manifiesta el mito de Adán y Eva, puede ser una explicación lógica de que en un principio estuvo todo en un mismo cuerpo y luego se dividió en hombre mujer con un cuerpo separado como somos hoy en dia. Es una cualidad de algunas especies que existen desde la creación. El simple cambio de sexo o reversión, supresión de uno a otro, era una cualidad que se convirtió en el ser humano en las etapas de reencarnación, donde la cualidad dormida durante una etapa de vida surge en la otra y viceversa cuando se regenera el ser en un nuevo cuerpo.

Mi análisis personal

Basado en los descubrimientos y datos aportados en estos documentos surge una observación sobre descubrimientos recientes en el área de California, donde se halla una célula que evoluciona con arsénico. Lo normal sería que se desarrollara con potasio o sodio, como en la primera célula que surgió con las cualidades de sobrevivir con las cualidades que nos dotara a los seres humanos del origen que tememos. De las observaciones que he hecho en estos hallazgos se desprende que existen el arseniato de potasio y el arseniato de sodio, ya que se ha denunciado en las costas de México y otros países la presencia de estos compuestos. Si por alguna casualidad se ha desarrollado una célula primaria de este compuesto, sería otro ejemplo parecido a la Ovogénesis y los principios de evolución, como el tálamo en el ser humano.

Pero me preocupa que las observaciones solo apunten a un solo elemento en esta interacción y que no cumpla con la ley de división de la creación, porque debe ser un compuesto lo que dé origen a las emanaciones de vida. Comprendo una ley simple de la creación y es la de que dos condiciones deben estar presentes para que surja una tercera. En metafísica, es la ley del triángulo de manifestación, por lo tanto, los microbios, plantas y animales pueden convertir todos estos compuestos químicos de arsénico inorgánico en compuestos orgánicos —comprometiendo átomos de carbono e hidrógeno. La chispa de energía una de ellas, y la de sodio y potasio, que actúo con la primera radiación de energía. Es un elemento nuevo que aporta una prueba reciente por ser descubierta hace cerca de un año y sus efectos no han sido

revelados al presente y son pruebas de que en el agua salada se puede recrear vida inteligente.
Posiblemente sea un fenómeno aislado que se da a conocer ahora pero sabe dios que tiempo esto este sucediendo. Lo interesante seria comprobar si algun tipo de vida inteligente ha surgido en ese litoral que se relacione con este fenómeno y se pueda comprobar en un futuro algun destello de formas que alumbren el saber al respecto.

Los compuestos:

Técnicas de análisis químicos de la Capacitación de Laboratorista Químico del Colegio de Bachilleres del Estado de San Luis Potosí. Plantel 28.

Arseniato de sodio

Arseniato de potasio

Introducción:

En varios países de América Latina, como Argentina, Chile,
México y El Salvador, por lo menos cuatro millones de personas beben en forma permanente agua con niveles de arsénico que ponen en riesgo su salud.

Las concentraciones de arsénico en el agua, sobre todo en el agua subterránea, presentan niveles que llegan en algunos casos hasta 1 mg/L. En otras regiones del mundo, como la India, China y Taiwán, el problema es aun mayor. De acuerdo con la información obtenida, en la India existen alrededor de 6 millones de personas expuestas, de las cuales más de 2 millones son niños. En los Estados Unidos, más de 350 000 personas beben agua cuyo contenido de arsénico es mayor que 0,5 mg/L, y más de 2,5 millones de personas están siendo abastecidas con agua con tenores de arsénico mayores a 0,025 mg/L.

El problema del arsénico en el agua de bebida se viene tratando en la Argentina desde hace varios años, cuando epidemiológicos de Córdoba y otras provincias de ese país evidenciaron y asociaron la enfermedad del Hacre —daños a la piel— con la presencia del arsénico en el agua de bebida. Los esfuerzos y estudios ejecutados para minimizarlo o eliminarlo han logrado un gran avance a nivel del tratamiento de agua a escala urbana en la Argentina, Chile y Perú, pero, a nivel rural, la solución en estos países sigue pendiente. De ahí que las autoridades de salud argentinas promuevan con decisión estudios que conlleven una propuesta para la solución o minimización del problema señalado.

Efectos del arsénico en el hombre

Se conoce que las principales rutas de exposición de las personas al arsénico son la ingesta e inhalación, que es acumulable en el organismo por exposición crónica y a ciertas concentraciones ocasiona afecciones como: alteraciones de la piel — relajamiento de los capilares cutáneos y la dilatación de estos —, con efectos secundarios en el sistema nervioso; irritación de los órganos del aparato respiratorio, gastrointestinal y hematopoyético; y acumulación en los huesos, músculos y piel, y en menor grado en hígado y riñones. Existe evidencia epidemiológica de que personas con ingestión prolongada de arsénico inorgánico, vía agua de bebida, presentan hiperqueratosis palmoplantar, cuya manifestación principal es la pigmentación de la piel y callosidades localizadas en las palmas de las manos y pies.

El arsénico en el agua natural:

Arsénico en las aguas superficiales y subterráneas

El arsénico se presenta en forma natural en rocas sedimentarias y rocas volcánicas, y en aguas geotermales. El arsénico se encuentra en la naturaleza con mayor frecuencia como sulfuro de arsénico y arsenopirita, que se hallan como impurezas en los depósitos mineros, o como arseniato y arsenito en las aguas superficiales y subterráneas.

El arsénico es usado comercialmente e industrialmente como un agente en la manufactura de transistores, láser y semiconductores, así como también en la fabricación de vidrio, pigmentos, textiles, papeles, adhesivos de metal, preservantes de alimentos y madera, municiones, procesos de bronceado, plaguicidas y productos farmacéuticos.

El arsénico está presente en el agua por la disolución natural de minerales de depósitos geológicos, la descarga de los desechos industriales y la sedimentación atmosférica.

En aguas superficiales con alto contenido de oxígeno, la especie más común es el arsénico con estado de oxidación +5 (As+5).
Bajo condiciones de reducción generalmente en los sedimentos de los lagos o aguas subterráneas, predomina el arsénico con estado de oxidación +3 (As+3), pero también puede existir el As+5. Sin embargo, la conversión de As+3 a As+5 o viceversa es bastante lenta. Los compuestos reducidos de As+3 pueden ser encontrados en medios oxidados y los compuestos oxidados de
As+5, en medios reducidos. Los microbios, plantas y animales pueden convertir todos estos compuestos químicos de arsénico inorgánico en compuestos

orgánicos —comprometiendo átomos de carbono e hidrógeno—.

Conclusión:

Por lo tanto, bajo los nuevos hallazgos de la ciencia y sus grandes exponentes es posible decir que un nuevo eslabón del conocimiento humano se puede asumir como cierto.

"La creación empezó y evolucionó en el agua salada"

1. Los escritos de la doctora Esther Rosón Gómez

La genética del cerebro y sus funciones, el interactuar del sodio y el potasio como principales fuentes que le dieron la habilidad a la primera célula de producir sus proteínas y crear la primera membrana de la creación para empezar la evolución y otras funciones que nos da a conocer.

El que solo existieran como elementos y estar presentes por millones de años de existencia sin ningún propósito definido como la mayoría de los elementos acumulados en el espacio exterior y en el planeta Tierra. El que de momento surja una nueva acción física de estos elementos pudo estar afectado y penetrado por un fenómeno ajeno que antes no estuvo presente y que activó la energía que dio inicio a esa nueva manifestación.

De alguna región desconocida emanó una sutil composición energética que alteró el movimiento de los electrones de la materia primaria para empezar a crear.

2. Claude Allegre, en Un poco de ciencia para todo el mundo, nos alerta sobre los descubrimientos de Bunsen y Kirchhoff sobre la química astrofísica y sus adelantos de las refracciones de la luz solar, donde nos confirman que el sodio y el potasio son producto de las radiaciones solares y que nuestro planeta está penetrado por estos y otros elementos que emanan de todo el cosmos, que saturan la Tierra y nuestros mares desde la era primaria. Y, por añadidura, todos los científicos promueven teorías de nuestro sistema de energías internas, desde Newton a Albert Einstein.

3. Los estudios del Colegio del Instituto de Química en San Luis Potosí de México sobre los compuestos de arsénico, especialmente los elementos derivados de arseniato de potasio y arseniato de sodio, que se compaginan con los hallazgos de la doctora Esther Rosón Gómez, que pueden ser una fuente para la investigación futura de la ciencia.

4. El nuevo hallazgo de la NASA sobre una célula que usa arsénico en vez de fósforo para reproducirse. Quizá solo dieron con un eslabón; deben existir

Mer— Ka— Ba

muchos fuera del conocimiento humano que aún no se han catalogado. Es como buscar una orquídea en el pantano.

5. Los descubrimientos de la Dra. Kristen Neiling En sus estudios para la NASA Sobre los rollos del mar muerto.

Plantea que existe un desbalance en el cuerpo humano por las variaciones en la energía electromagnética en el cuerpo humano. Descubrió que la tierra y los animales se alinean naturalmente con esas variaciones en los campos Electromagnéticos pero el cuerpo del ser humano no.

Sus hallazgos se remontan a la antigüedad donde descubrió que los sabios antiguos sabían esto. Es pro decirlo que se practicaban ritos y ejercicios de concentración y meditación, como se conocen hoy dia. Bajo esto ritos se mantenían entonados con las verdaderas energías cuando se alineaban a las energías fluctuantes de la tierra, el sol y la luna.

El ritual era simple, observen a las estatuas de los faraones egipcios y también los ejercicios que se practicaban por los esenios privadamente en el área de Cumaran, esta era la misma escuela de Jesus, además de los discípulos que el impartía ese conocimiento. Ese era el misterio que yo hablo en el libro **El don del espíritu Santo** Publicaciones "*Create Space*" y Amazon Brooks.

Mer— Ka— Ba

6. Los descubrimientos de la <u>Dra. Linus Pailing dos veces premio nobel de biología en 1952 y 1964. Los elementos que se encuentran presentes en el plasma humano son concordantes con los 118 elementos de la tabla periódica y el agua de mar.</u>

<u>De esa forma puedo cerrar por el momento mis conclusiones con seis factores cientificos que prueban mis declaraciones y hallazgos Planteados e mis escritos.</u>

XIV — Descubrimiento de la NASA

Una extraña bacteria puede sobrevivir sin uno de los bloques básicos fundamentales de la biología.

Una bacteria encontrada en las aguas repletas de arsénico en un lago en California se espera que dé un vuelco a la comprensión científica de la bioquímica de los organismos vivos. Los microbios parecen ser capaces de reemplazar el fósforo por el arsénico en algunos de sus procesos celulares básicos, lo que sugiere la posibilidad de una bioquímica muy diferente a la que hasta ahora conocemos, la cual podría ser usada por organismos en pasados y presentes entornos extremos de la Tierra, o incluso de otros planetas.

Mer— Ka— Ba

Los científicos han considerado desde hace tiempo que todos los seres vivos necesitan del fósforo para funcionar, junto con otros elementos, como hidrógeno, oxígeno, carbono, nitrógeno y azufre. El ión fosfato, $PO4^{3-}$, desempeña varios papeles esenciales en las células: mantiene la estructura del ADN y el ARN, se combina con lípidos para crear membranas celulares y transporta energía dentro de la célula a través de la molécula adenosín-trifosfato (ATP).

Pero Felisa Wolfe-Simon, geomicrobióloga y becaria de investigación de astrobiología de la NASA, con sede en el USA Geological Survey, en Menlo Park, California, y sus colegas informan online hoy en la revista "Science" de que un miembro de la familia de proteobacterias puede usar el arsénico en lugar del fósforo. El hallazgo implica que "potencialmente se puede omitir el fósforo de la lista de elementos requeridos para la vida", dice David Valentine, geomicrobiólogo de la Universidad de California, en Santa Bárbara.

Muchos escritores de ciencia ficción han propuesto formas de vida que usan bloques básicos alternativos, a menudo el silicio en lugar del carbono, pero este es el primer caso de un organismo real. El arsénico se coloca justo debajo del fósforo en la tabla periódica, y los dos elementos pueden desempeñar un papel similar en las reacciones químicas. Por ejemplo, el ión arseniato, $AsO4^{3-}$, tiene la misma estructura tetraédrica y lugares de enlace que el fosfato. Es tan similar que puede entrar en las células suplantando el mecanismo de transporte del fosfato.

La teoría:

En mi libro Por la pluma del ave y la flor seca, publicado por la editorial Libros En Red, está expuesta la teoría de la creación del ser en el agua salada.

Estos nuevos hallazgos abonan la declaración en ese libro y la teoría presentada en él. El propósito de exponer más elementos que reúnen información propicia para respaldar esta teoría me sugiere que mucha información relevante ya existe y que nunca se ha relacionado con este fenómeno de la evolución primaria.

El cerebro humano

Un hervidero de energías de ondas de las frecuencias y tasas de vibración en las escalas mínimas y máximas que el ser pueda imaginar. El aura en el ser humano es la emanación del cerebro de energías y estas trascienden su habitáculo hacia el exterior, donde producen un halo de luz que abarca los siete colores o refractarios de la luz blanca del espectro cósmico.

En la escuela primaria, iba por las mañanas a un pequeño quiosco a comprar dulces. Observaba a diario un enorme pino que quedaba al lado y notaba que en la parte más alta, que parecía la punta de una sombrilla, se desprendían haces de luz color plateada. Era como un fluir de energía que seguía su cúpula a donde quisiera que el viento lo moviese. Una extraña sensación de vértigo recorría mi cuerpo al mirar a las alturas como le sucede a mucha gente cuando están en un edificio alto y miran hacia abajo o arriba.

Estaba maravillado con ese fenómeno. Nunca se lo conté a nadie, pues no sabía qué era. Después de tantos años, pude comprender que estaba frente a uno de los misterios de la
naturaleza: la creación. Los místicos estudiosos y los científicos se devanan los sesos tratando de dar con la explicación de todo lo que está grabado y que se refiere al conocimiento místico escondido en símbolos que otros entendidos en la materia han acumulado por años alrededor del planeta, escondiendo secretos velados y significados ocultos.

Este era el acto de combinación de energías de las fuerzas del cosmos y la Tierra, sirviendo como intermediario el árbol que a la vez retenía parte de esta para su crecimiento y desarrollo, y liberaba sutiles fuerzas al espacio desde la Tierra. Las mismas fuerzas de las descargas eléctricas o rayos, que no tienen la sutileza de ese pino. También aprendí de esta interacción que se debe haber creado una necesidad de atraer estas energías para que la vida se manifieste. Esta es una necesidad consciente o inconsciente del ser. El que logre descifrar su enseñanza y aplicarla estará en armonía con la creación divina: el Santo de los santos. Posiblemente, son las mismas energías que fluían a través de la cúpula de las pirámides de Egipto y penetraban a las cámaras interiores de estas, y debió haber algún tipo de manifestación de esta energía que era el conocimiento secreto que motivaba a los egipcios a construir tantos monumentos.

La cosa creada en cualquiera de los reinos que se manifiestan establece una armonía con la mente divina. Es la mente universal que todo lo contiene, el logos de la creación. El ser que conscientemente descubra el canal de comunicación con esa fuente creadora será un instrumento de creación, un canal de esa fuente para atraer y emanar, como el pino, la energía que compense la ley de la creación. Subir y formar parte de ella por intervalos de tiempo y regresar regenerados a este plano de manifestación.

Mer— Ka— Ba

Después de meditar en todas estas características enunciadas en este escrito y si e ellas se encierra alguna lógica científica, se puede argüir que cualquier fenómeno externo o interno que cambie las leyes a la que siguió esta evolucion seria un fenómeno que podría dar al traste con la vida sea completa o parcial.

Dicho esto bajo el razonamiento que cualquier fenómeno que altere la confluencia armónica con lo que ya se ha desarrollado en este plano físico obedeciendo estas leyes, seria lógico pensar que estas mismas leyes sutiles de creación pueden ser alteradas por fenómenos ajenos a las manifestaciones comunes de las leyes físicas a las que estamos expuestos.

Los sistemas internos de los reinos de la creación se superan mediante la evolucion a superación de condiciones internas e influencias externas, que lo que el cuerpo fabrica y agrega a sus estructuras es por alguna necesidad de procesar algun adelanto o cambio vital para su armonía interna. Cualquier variación que sea un cambio violento a sus estructuras de ADN rompe las leyes de evolucion, por lo tanto su propia vida. Las características de cualquier cosa creada sucumben al cambio ilógico. Por ejemplo el solo hecho de cambiar una planta a un clima diferente hace que se marchité y muera, porque

se le ha conducido a un lugar que las energías que adquiere no son armónicas con su desarrollo.
Lo contrario seria si esta en un ambiente pobre y se cambie a uno mas armónico con su forma de desarrollo esta adquiriría una vitalidad que daría un mayor crecimiento y vitalidad.

No solamente fenómenos físicos como el fuego, la violencia de los fenómenos físicos pueden solo destruir parcialmente una cosa, pero luego si queda un vestigio de semilla esta vida surgirá de nuevo. Con solo abordar un pensamiento tan sencillo como este se abre un camino para especular de las razones que pueden afectar la evolucion. Puede ser un fenómeno genético que se manifieste después de un fenómeno natural.

En la desaparición de los dinosaurios y otras especies se puede argüir que estos pudieron sufrir algun cambio genético en su ADN o su condición cerebral ser afectada por algun bloqueo de energía para su evolucion corporal, al verse sus cuerpos reducido lentamente por el bloqueo de sustancias necesarias para que su vida continuase. La posibilidad de que sus genes hereditarios anularan la habilidad de sus huevos de reproducirse o fecundarse. El bloqueo de las emanaciones cósmicas de energía necesaria para su cerebro suplir la cantidad de energía para la composición de sus enormes cuerpos y estos se deterioraran y desaparecieran por eliminación genética. Los rincones oscuros de la genética y la evolucion tienen muchas lagunas, pues tanto crea como destruye, las razones solo dios lo sabe.

Aquí puedo añadir hoy Junio 18, 2012 *:26 PM. Una idea cruzo mi mente como una flecha, el mismo problema de los seres humanos pudo ser un efecto retrogrado para estos animales que quizá no poseían este don o calidad o lo perdieron por algun cataclismo que hizo que el vórtice de la tierra sufriera una inclinación o desviación repentina. Al perder la cualidad de estar en alineación con esa energía los llevo a su propia alinearse las energías de la electronegatividad, fueron victimas de eliminación por inadaptación.

Las conclusiones de la Dra. Kristen Neiling apuntan que el ser humano se desconecto con ese legado espiritual de la antigüedad y apunta que estamos abocados a cada ves mas ir deteriorando nuestro ser físico por la falta de esa condición que abandonamos la practica pro los desordenes de la historia y la terquedad de los sistemas creados. Tengo la certeza de que en algun espacio de la historia este conocimiento fue desviado y desparecido de los libros con la destrucción de las mejores bibliotecas de la antigüedad. El que los humanos tuvieran esos adelantos y libertad de escoger y ser superiores en su intelecto y valía como los Esenios y cientificos causo que las fuerzas del poder llegaran también a dominar ese conocimiento y selectivamente lo eliminaran de la historia. Seria un poder en contra de los planes de los poderosos. La debilitación de los pueblos es el arma de control predilecto por los líderes. Un pueblo con el poder del conocimiento y la sabiduría es un dolor de cabeza para los controladores. Mantener un pueblo sumiso es el ideal del poderoso.

El hecho de que tantos fenómenos se manifiesten en cambios en la naturaleza, el surgir de nuevas especies y la desaparición de otras nos debe llevar a razonar de esta manera. Los bancos de corales y otras especies frágiles merman lentamente y estudiamos sus causas físicas. Debemos elevar nuestras mentes a fenómenos cósmicos y no físicos pues las energías creadoras emanan de esas leyes. Las estructuras interiores que no se adapten a los cambios genéticos debido a sus estructuras y formas de cambio y adaptación internas, las propias células que han guardado un código genético y no se adapten a cualquier cambio en la evolucion, seria otro eslabón de la propia naturaleza de la evolucion.

Las leyes a la que obedecen todas las especies de todos los reinos de la creación son controladas por las emanaciones que invaden nuestro entorno físico e interno de las energías que interactúan con nuestras leyes físicas y lo que se llama emocionales por que son afectadas por la armonía interna de las condiciones que establecen un sentido de bienestar interno y emocional que mantienen un balance existencial.

Si buscamos una razón de la desaparición de los dinosaurios en los bosques de la tierra, debido a los fenómenos de asteroides y las emanaciones, no seria un fenómeno para que se destruyera la existencia de todos los animales, plantas, seres humanos, semillas, huevos, gusanos. Posiblemente los efectos de la asolación de las energías por el bloque de ingreso a la atmósfera afectara a los sistemas glandulares y las estructuras internas de los cuerpos que depende de estas, por lo tanto su destrucción de haber sido la falta de material energético para que las leyes internas de crecimiento y fabricación de los elementos necesarios para el crecimiento se deterioraron al nivel de que la mayor secuencia de vida se alterara y dejara de manifestarse por un periodo relativo de tiempo.

Concepto de dios para los egipcios

Para mi es un legado universal los descubrimientos de los egipcios y los adelantos en los territorios vecinos que nos traen hasta la epoca moderna con tantos misterios que aclarar. Tenemos que distanciarnos de las religiones actuales que condenan todo lo que no pueden explicar y menos lo rechazan por lo complejo y que no pueden realizar internamente.

Los egipcios de la era de Aton no se equivocaron al adorar al Sol como un dios de la creación, pues de ahí elaboraron un sistema de introspección y legaron a la humanidad muchos conocimientos misteriosos. Tell al amarna- centro religioso monoteísta fundado por Akenatón, proclamador del culto a sol que prevaleció sobre las antiguas religiones proclamando el monoteísmo sobre las antiguas tradiciones de asignar a multiplicidad de dioses sus conceptos de adoración. Según los registros de las civilizaciones antiguas que todavía esta presente como un centro de expediciones turísticas. En este lugar se manifestó el primer sistema elaborado con un concepto de la creación divina y vida después de la muerte dedicado al dios solar Aton como deidad creadora única. Concepto este que más adelante se asemeja a los conceptos adoptados por otras religiones pero enfocadas en dioses también humanos, en el Cristianismo, Budismo, Islamismo y demás religiones conocidas.

El concepto egipcio reconocía la divinidad y la vida después de la muerte y una sola deidad creadora, es el mismo bajo el cual se han fundado otras religiones. Los únicos en madurar un concepto único con una base firme en el monoteísmo son los Hebreos de donde surge la nación de Israel y los Judíos que la proclamaron del cual Jesus fue heredero como el verdadero rey de los Judíos no como su dios. El concepto de dio para los primeros hebreos declara que dios es el altisimo creador que la salvación del ser humano es única y personal, que Dios es tan celoso con su relación con el hombre que no permite que otro hombre interceda ante el y que la salvación es única y directa con dios.

De alguna forma ellos tenían algo único en sus enseñanzas que rechazaban todo lo que se les trataba de imponer. Tanta certeza solo era posible bajo un dominio personal de un ritual secreto para ellos.

En este grabado esta contenido una escena donde el faraón después de se momificado y sus viseras ser extraídas, llevan un tratamiento de reverencia y preparación para ser presentadas en su juicio ante dios o los dioses.

Mer— Ka— Ba

En la momificación sus partes internas son sacadas y tratadas, limpiadas y colocadas en recipientes con un método muy antiguo de preservación.

Los sacerdotes preparan el ritual para que el faraón se presente a responder ante los dioses por su vida en el plano terrenal. Este es un concepto particular de sus creencias religiosas.

En la preparación de sus vísceras, el corazón será envuelto en materia de algodón y preparado según las leyes del ritual.

En el momento que empieza e ritual ante los dioses, debe pasar la prueba y demostrar que es merecedor de ingresar a participar de la compañía de los dioses en el cielo.

Debe primero pasar la prueba de Maat.

Se celebrara una ceremonia representando el otro lado del inframundo donde debe probar su calificación para entrar en el reino de los dioses.

Se colocan los sacerdotes y en una balanza ponen el corazón del que se presenta al juicio. Debe demostrar a los dioses, que esta preparado para se admitido, en el lugar que moran los dioses.

Para ese ritual debe pasar la prueba y contestar un cuestionario que en la tumba colocaron los ayudantes que le prepararon el camino. Además de esta preparación los sacerdotes le colocaban mapas para que no se perdiera en la ruta por el inframundo a los cielos.

Mer— Ka— Ba

Cuando ya este presente en ese lugar debe contestar las preguntas en forma negativa. Por ejemplo; No he hecho sufrir a nadie, nuca he engañado a nadie, no he cobrado más de lo debido en mis negocios, no he robado a nadie, etc.

Una vez pase ese interrogatorio deberá enfrentar la balanza de MAAT- la balanza de la verdad y la Justicia.

Su corazón fue preparado en envolturas de algodón blanco y será colocado en un platillo de la balanza, en el otro plato será colocada la pluma de Maat, A su lado estará dispuesto el sobek o cocodrilo sagrado, con cabeza de cocodrilo, cuerpo de león, y la parte de atrás de hipopótamo.

Si el corazón pesa mas que la pluma de Maat el cocodrilo con cuerpo de león se comerá el corazón.

Maldito el hombre que se deja devorar por el león y el león se convierte en Hombre. Jesus- Evangelio de Tomas

Una advertencia a los seres humanos de sus conocimientos antiguos.

Legados egipcios

La matemática, la geometría, las leyes físicas, la alquimia metafísica y todos los adelantos que se acumularon en esas épocas del alto y bajo Egipto y Grecia estaban orientados por muchos de los

Mer— Ka— Ba

primeros científicos que empezaron las teorías que hoy estudiamos en las escuelas: Demócrito, Tales de Mileto y una lista interminable de estudiosos de todas las ramas del saber. El hecho que sus ideales religiosos al igual que los hebreos estuvieran fundados en una deidad superior y no en seres humanos, los distingue de los conceptos actuales que con tantos avances a nivel mundial, se han entronizado en conceptos fraccionados por razas y dioses que dividen el espíritu humado en sectas con diferentes dioses. Si ese es el privilegio de la raza humana debemos mirar con suspicacia y buscar un entendimiento mas universal del Altísimo creador. Aquellos que pretendieron superar a los dioses de las fabulas del olimpo y los dioses romanos no adelantaron en nada a la humanidad. Por lo menos esos dioses eran temporales y presentes en este plano físico. Al dotar a seres de adelanto espiritual lleva a la adoración e dioses etéreos con el nombre de un mortal, pues no se pudo configurar una idea de los humanos adorar una deidad incorpórea como siempre se ha manifestado al dios de todo lo creado. Para aquellos que elaboran teorías elevando conclusiones personales de los atributos que ellos visten a sus dioses y estatuas, deberían asegurarse de que saben lo que hacen. Seria una debacle a nivel munida si de momento se descubrieran sus equivocaciones. Los lamentos serian más grandes de los que resucitaron en Jerusalén después de la muerte

de Jesus. Los lunares blancos en la frente de la vergüenza de no poder arrepentirse de sus colaboraciones y luego encontrarse que la verdad es otra. Deseo que los que se dedican a la predica nunca se equivoquen por su propio bien. Si de momento descubrieran que sus ideales están lejos de una verdad real, tendrían el peso de todas esas almas que estarán flotando en el universo, perdidas en una nube de creaciones erráticas. Si algun dia están tan convencidos de que dios no se manifestara para cobrarles sus desviaciones, como los abusos de niños y niñas a nivel mundial. La historia de los huérfanos de las guerras utilizados en
Europa en los monasterios de monjas como las Magdalenas (35 mil casos reportados) nadie puede dar fe de su desenlace final.
La conciencia de estos seres humanos que se prestan para estas aberraciones de la trata de humanos es peor que el tráfico de esclavos. Juzgue la humanidad a que niveles desciende el ser humano. Cuando el poder y el ego material sea el que domine el poder la humanidad estará expuesta a los mismos descalabros.

Solo a nivel mundial existen seres que abogan por un sistema universal de valores y un bien común universal, son pocas las naciones que están comprometidas con esta visión de futuro.

Mer— Ka— Ba

Espero no se asombren con las profesáis que el mundo siempre contemplan como un máxima en los acontecimientos futuros, pues todos creen que no fallan.

XV — Nostradamus:

Los principios ocultos para los secretos de Nostradamus están basados en su conocimiento de las variaciones de las ondas de electromagnetismo- tema que dominaban los astrólogos de su epoca.

Mi versión personal: Gaspar Pagan

Desde las entrañas de la patria de Zoroastro— Zaratustra- (Irán) de origen Caldeo- se cierne una de las mayores amenazas sobre la humanidad; el hambre, la matanza de civiles, la desestabilidad mundial esta a las puertas de estas generaciones en el siglo 2012.

Una replica de las guerras de lo judíos de Flavio Josefo

La gente muriendo de hambre en las calles y veredas fuera de las fortalezas, caía como moscas unos encima de otros, como zombis sin rumbo fijo, los ojos exorbitados por el hambre y las ulceras dejaban ver sus entrañas, mientras dentro de la fortaleza los otros muestran el trigo y los alimentos al pueblo hambriento.

Nostradamus: 2000 a 2025 - Por: Jean Charles de Font Bruñes

Centuria lll-

Pagina 87 -3

"Marte y Mercurio y el dinero unido juntos

Hacia el medio dia extrema sequía:

Al fondo de Asia se dirá tierra temblar, (Italia)

Corinto, Éfeso entonces perplejidad.

Si las pruebas de las diferentes fechas que aporta las relaciones históricas en los escritos de Robert Ambelain, cuadran las profecías de Nostradamus con los acontecimientos que se pueden consolidar en esta epoca del 2012 en adelante. Para Robert Ambelain "Jesus el secreto mortal de los templarios y otras obras de su autoría relata que el nacimiento de Jesus pudo ser 16 0 17 años antes de lo que se alude en la historia de la Iglesia.

Mer— Ka— Ba

Si Nostradamus ignora estos detalles y los cambios que se hicieron a los calendarios, las posibilidades de que estas centurias estén orientadas a lo por acontecer.

"La guerra (Marte, dios de la guerra; los Balcanes y el Cáucaso), la corrupción (Mercurio, dios de los ladrones) y el poder del dinero reinaran juntos; habrá hacia el medio dia una gran sequía; (¿De dinero?- El Japón vivirá importantes terremotos, Grecia y Turquía tendrán problemas.

Irán Turquía y otros pueblos Islámicos están a las puertas de proclamar el Islamismo, si Turquía ve una oportunidad de que prevalezca el Islamismo podría irse en contra Occidente. (USA)

lll,- d4

Cuando este próximo el defecto de los Lunares. Uno y otro no distando grandemente, Frio, Sequía, peligros en las fronteras, incluso donde el oráculo ha comenzado. (Francia)

La palabra lunares designa al Islamismo a causa de la Luna (media Luna) que es su símbolo. Incluso en Francia donde el oráculo ha comenzado (Patria de Nostradamus) cuando los musulmanes estén a punto de cometer una falta (de concepción entre ellos y occidente) demasiado grande, se conocerá el frío y la sequía, incluso en Francia.

I, 67

Nota: Son consecutivas las cuartetas que hacen una cadena de eventos que se entrelazan y apuntan al Islamismo como protagonista de estas profecías. Las consecuencias de un ataque a occidente por Irán y los países islámicos y posibles aliados que vean una oportunidad de asestar un golpe a Israel, al Judaísmo y al Cristianismo incluidos, y de paso desestabilizar a la nación Norteamericana, por ser sus aliados. En el presente 2012 el presidente de Irán y sus aliados esta enfocado en esas estrategias.

Los gobiernos de naciones donde el hambre será una epidemia por su superpoblación, verán en este acontecimiento una oportunidad de resolver su problema de superpoblación, y como la historia se repite los holocaustos de seres humanos serian la solución a sus problemas. Que sea otra nación la que al defenderse de sus atacantes, cause la debacle y el exterminio, una forma legal de exterminar el excedente HUMANO que no se podrá alimentar en l futuro.

II, 46

Mer— Ka— Ba

Tras gran reunión humana más grande se prepara,

El gran motor de los siglos renueva;

Lluvia, sangre, leche, hambre, hierro, y peste.

En el cielo visto fuego, corriendo grande chispa.

Tras una gran reunión de tropas, otra más grande se prepara tras la revolución (lluvia, sangre, pondrán final a l buena vida.)
El hierro la guerra y la epidemia, luego un gran cometa o cuerpo de fuego cruzara el cielo.
Antorcha ardiente en el cielo será vista,
Cerca el fin y principio del Ródano
Hambre, espada, tarde el socorro previsto
Persia vuelve a invadirá a macedonia.

Macedonia es un objetivo militar de Irán por los conflictos de la unión europea,

Turquía vera en esta la oportunidad de atacar a Grecia por sus conflictos de años y a la ves será la excusa perfecta para dar la espalda a occidente.

El final será para el año 2015 al 16.

Una solución sensata para esta situación mundial seria un acuerdo de cooperación donde las naciones productoras de petróleo liberen los precios a nivel mundial para que las naciones productoras de alimento abaraten los costos de producción y a la vez puedan duplicar la producción mundial de alimentos y este sea el abastecimiento de las naciones con superpoblación.

No solo los Estados Unidos esta llamado a resolver los problemas de otras potencias, cada país debe entrar en acuerdos para liberar las barreras que detienen el crecimiento de los países productores de alimentos. Mientras se utilicen como armas de poder el detener el suministro de bienes como método de presión para resolver un problema mundial las naciones estarán abocadas a recibir el mismo trato. Seria un embudo como hasta ahora donde las soluciones no logran pasar como una vertiente adecuada a que se resuelvan los problemas a los que se enfrenta cada país...

Gaspar Pagan-(Edwin) Una adición a el material registrado bajo los permisos y archivos.

(Cop) TXu 1-728-587 Biblioteca del Congreso"USA"

Como un látigo que refresca la memoria, la historia se repite y los seres que no han aprendido la lección deben enfrentar la debacle y la destrucción o regresar a la paz mundial, que a la larga los llevara al mismo precipicio. Todo lo creado buscas su balance y para

Mer— Ka— Ba

que nazca yerba verde el fuego debe consumir la seca y el universo se renueva en cada acción donde lleva lo creado a su mismo principio para que surja de nuevo un renacer.

Gaspar (Edwin) Registrado Julio 7, 2010

Tertuliano en la antigüedad:

Tertuliano fue un partidario de la corriente gnóstica en su época.
En principio, el cristianismo no había desarrollado un concepto claro y no estaba definido completamente. Los conceptos estaban muy atrasados y las contiendas por definir una doctrina y sus conceptos a establecer pasaron por un largo período de luchas intestinas. Muchos de los gnósticos, como Tertuliano, abrazaron el cristianismo porque era un campo fértil donde sus ideas eran escuchadas y participaban como parte de los miembros que abonaban los conceptos que se querían definir.

Declaración indirecta de Tertuliano. Definición de un concepto egipcio. Meditaciones sobre el conocimiento adquirido.
Si Dios es sustancia por sus emanaciones, todos sus hijos de aquella emanación primera hasta el presente y por los siglos son hijos de Dios y pueden proclamar ser dioses, de acuerdo con las normas aceptadas.

Mer—Ka—Ba

Tertuliano quiere probar que el rayo de luz es al Sol como su emanación es al Sol y los productos que derivan de este. Los conocimientos actuales permiten saber que las propiedades de lo que emana del cosmos en un tiempo fueron parte de lo que los originó, pero al emanar hacia la creación se combinan con otros elementos que difuminan su contenido y no son el mismo Sol que emanó en ese rayo primario. El rayo del Sol ayuda a la combinación de lo creado, pero uno puede ser la creación por deducción. Si de esa forma se pensara, el Sol sería intrínsecamente una extensión del Sol, pero sus cualidades se mezclan con los efluvios cósmicos que les dan a todos unidos la capacidad de crear y evolucionar después de ser generados de las diferentes fuentes y frecuencias.

Cuando sus cualidades se mezclan y reúnen bajo condiciones específicas, sus dotes de proporciones son variadas en sus modalidades. Por lo tanto, no sería una prueba contundente de lo que se quería probar de que Dios emanó de Jesús; por lo tanto, Jesús era el mismo Dios. Las pruebas científicas de la evolución destronarán estas conclusiones y, de hecho, el conocimiento actual no se amolda a estas interpretaciones.

Una epoca donde los que participaban de los modelos a crear para los dogmas o leyes que se utilizarían para el dominio y control de los gobiernos sobre la plebe que debía ser fiel seguidor de las leyes aprobada por la iglesia estado. Se da por sentado que los elementos que están presentes en la composición de las estructuras moleculares y atómicas de todo lo que se conoce físicamente son un derivado de las emanaciones cósmicas del universo que se concentran en nuestro planeta. Además, dentro de la Tierra están concentradas las mismas energías que emanan de las diferentes fuentes de radiación que se han acumulado por milenios. Esa pléyade de energías que se conjugan desde los primeros efluvios de la creación son la manifestación de la vida sea simple o compleja respondiendo a necesidades creadas por las misma entidades que se formaron en los principios de lo que surgió y progreso de la mente divina del creador.

La Tierra pare desde sus entrañas formas análogas y diferentes formas de creación. Por ejemplo, una pequeña voluta de gas que emerge de una reacción química contenida por miles de años en el interior de momento sale de su habitáculo donde permaneció aislada y se combina con otras fuentes de energía: hidrógeno, fósforo, potasio, arsénico, sodio, etcétera. De estas combinaciones y con el calor interno de la Tierra surgen las piedras, metales y otras combinaciones que al mezclarse con los elementos de las emanaciones cósmicas crean una gama variada de nuevas formas de expresión.

Mer— Ka— Ba

Una piedra ágata es eso mismo: una porción de gas atrapada en el interior de materia que se enfría y sigue creciendo a su capacidad. Es un ejemplo de las reacciones de la creación que al enfriarse esta siga creciendo, encerrada en un nicho que creó la propia tierra. Es parte de las reacciones que se repiten y se toman como leyes para poder explicar los fenómenos que ocurren.

El misterio del conocimiento adquirido

¿Cuándo estas facultades cesan? — ¿Qué es de esa masa de energía que fuimos y adónde va a parar? ¿Qué ley regula el período de tiempo entre un fenómeno y otro? — La reorganización de la materia en tantas variedades de expresión que cada día nos sorprende más la diversidad en que se manifiesta. Los misterios que encierra la evolución de las especies por millones de años mantiene ocupados a científicos, pensadores, místicos, arqueólogos, paleontólogos y toda aquella rama del saber que busque desentrañar la evolución de las especies, la cadena más grande del saber humano, que es el portador de su propia información y no ha podido descifrar su contenido hasta el momento. Cualquier forma o explicación terminará formando otro eslabón más de la cadena en expansión que simplemente complementa la forma en que se proyecta información: un universo interior en expansión constante.

Nuestro ser interior, el alma y la conciencia de ella, cuando el alma se eleva a la comprensión de donde fue parida y toma conocimiento de los atributos que la generaron, la mente que la creó asimila su forma y su gradación. La energía pura de la vibración creativa degenera para actuar en la escala de la manifestación que en mayor o menor grado la contiene. Es la forma de darse a conocer, de actuar en la escala descendiente y tomar ese grado de existencia para interactuar con otros grados de energías que se crearon por la propia emanación de lo que fue la primera fuente que emanó, lo que se manifiesta. La luz no puede existir sin la oscuridad. La vida no puede existir sin la muerte. Todas las fuerzas tienen en su vacío su contrario. En la mente del hombre existen todas las dimensiones de la creación y es la única que se da cuenta y las realiza. Si somos una emanación de un principio creador que lo abarca todo, este no puede tomar conciencia de sí mismo si no tiene un espejo donde reflejarse y auto conocerse.

Esa es la propia reflexión de la fuerza que la contiene para que surja y se dé cuenta de que no puede eludir reflejarse en su contraria, o perdería la cualidad de manifestarse y afectar una conciencia, un ente de la gradación que sea, que la realice o la dé a conocer. La fuerza del ego de la creación, su pasión para crear se detendría o se desvirtuaría en sus funciones.

La pureza no puede ser un mundo de existencia porque se anularía a sí misma dentro de su propia energía y solo sería una realidad para sí misma. La esencia que la contiene y produce giraría en su propio habitáculo y se contendría a sí misma. No necesitaría darse a conocer, no tendría que emanar o compartir su esencia con nada y, por lo tanto, su existencia sería ella misma y nada la realizaría. Las leyes del universo son cambio y reposo, todo está en constante movimiento. El aludir a fuerzas de pureza es volver al centro de donde todo emanó o se proyectó sin darse a conocer. El hecho de que se quiera catalogar o dar una descripción de que las generaciones creadas por las emanaciones de esta fuerza primaria deben cristalizase en ella misma y en vez de evolucionar debe regresar a la fuente que las generó en su prístina naturaleza, como surgieron de la fuente original.

Este sería el dilema más grande que el ser tenga que enfrentar. No existe ninguna ley natural o espiritual que contenga esa noción dentro del ser. Podemos usar todos los poderes conscientes para desear esa etapa de regresión a la evolución primaria y no sería posible, nadie lo lograría. La propia energía que nos creó perdió el control de lo que generó. El darse a conocer es el propio ego de lo que crea, es una necesidad o impulso que la lleva a seguir esa generación de efectos y manifestaciones en el universo, y el ser es un vehículo.

Se detiene en el medio de todo lo creado y nos damos cuenta y buscamos el regreso a esa fuente, donde ella misma se anula por oposición, el punto medio, el reposo, la neutralidad, donde todo establece un balance. Las leyes opuestas se atraen para crear, esto sucede en todo el universo cósmico que nos generó los canales que separan todas las fuerzas para mantener un equilibrio. Lo mismo entre los planetas como en los átomos y todas las materias que reúne el universo que no podemos captar en nuestra mente finita. Los reinos creados son como la flor que languidece y cesa de repartir sus perfumes y se convierte en su semilla; ella contiene y regresa a su principio, y vuelve a general otra planta con los atributos de la anterior, pero no puede ser todas las plantas. Así debe ser la sabiduría del ser cuando se supera a sí ismo y se convierte en parte de ella.

El emanar energías de cooperación hacia la fuente primaria por una maduración interna del conocimiento de las propias leyes es un canal que nos da una fuerza para lograr armonizar nuestro mundo interior.

No es empujando sino atrayendo que logramos armonía. No es el rechazo lo que nos da el triunfo, sino la aceptación, la atracción de los contrarios; esa es la superación del caos.

Cuando las fuerzas unilaterales son las armas del poder son un barril sin fondo, envuelven todo lo creado y la destrucción no conoce límites. No hay forma de alimentarlo, consume todas las energías de la Tierra y no tiene fronteras. Son los poderosos sin escrúpulos que han manejado civilizaciones enteras y las llevan a su propia destrucción por el amor al poder. El amor al poder solo revela las flaquezas de mentes enfermas que no tienen el valor de reconocerse a sí mismas. Necesitan el poder y la dominación para que otros sufran sus flaquezas. Si logran el control se tragan a la humanidad para que sus propósitos prevalezcan. Las fuerzas positivas de creación no pueden ser agotadas de ninguna forma, no hay poder que las detenga. La avaricia es un pozo sin fondo; el que la padece ha nacido con un gusano en su interior y será consumido por él, lo mismo que las nociones del pecado y la culpa.

Con todas las fuerzas contrarias cuando se logra una gradación intermedia se logra la paz. Lo alto, lo bajo; lo agrio, lo dulce; la paz y la guerra; lo ancho y lo angosto; la derecha y la izquierda; la vida con la muerte; la luz y la oscuridad; el movimiento y el reposo; el amor y el odio; lo soso y lo salado, y somos la sal de la Tierra en nuestro interior.

Somos los sephirot de la cábala humana concentrados en manifestación, las chacras védicas que se pueden estudiar en diferentes filosofías de vida espiritual contienen elementos que ayudan a madurar conceptos mas sublimes de nuestros poderes de sanación y divinidad. Desde los antiguos hindúes y los herederos de sus enseñanzas, Zoroastro y muchas de las tradiciones antiguas que aportan a la comprensión de la vida espiritual para fortalecer un concepto mas abarcador que no este centrado en una sola dirección para obtener una visión mas universal de la energía divina que sustenta la creación de todos los géneros a los que tenemos acceso.

Para lograr la fortaleza de cualquier emoción o factor que nos guíe en esa dirección se necesita de la unión de seres que comulguen con los mismos principios y propósitos de superar las bajezas a las que exponemos a los más débiles. No podemos abandonarnos a las pasiones y a la inarmonía que nos creamos como seres. La tolerancia hace las leyes más ecuánimes.

Por el contrario, la propia naturaleza es un mundo de atracciones que nunca se satisface. Todo lo que llegue a su alcance lo utilizará para producir algo diferente y su pasión es la creación. La sustancia primaria beneficia a todos y nadie la posee. Si alguien la poseyera sería ella misma y no podría existir en el mismo plano, pues se destruiría a sí misma por ser los opuestos en una cuarta dimensión, un agujero negro. Si llegara a ser poseída, el ego del que la poseyese no la compartiría con nadie, fabricaría sus propios castillos y la alejaría de los demás mortales, como mujer hermosa. El solo sentir que es su amo lo haría esclavo.

Organiza todo lo que existe y lo convierte en leyes de funcionamiento. Si se desparrama, vuelve a organizarlo, crea nuevas formas de las viejas, usa esos mismos átomos, electrones, neutrones, fotones y toda partícula que se cruce en su camino para producir, crear; armoniza todo el universo y su ley es el amor por la creación. Le atrae la belleza de las formas, la sutileza de lo que impresiona nuestros sentidos y los sentidos de todo lo creado, los perfumes, la gradación de colores que impactan nuestra admiración. Si nos imaginamos una forma nueva, se empeña en que sea creada; su pasión es complacer e impresionar la perfección del ser humano. Toda la belleza de las formas se organiza por la necesidad de expresar lo que se desea; lo que atrae nuestros sentidos y admiración se organiza de acuerdo con las necesidades de armonía en lo creado.

Mer— Ka— Ba

Ama el deseo de crear la perfección, la unión de los contrarios; establece la paz en el universo y organiza su futuro con leyes que debe duplicar o cambiar para que su curso siga en forma progresiva. El ser que coopera con estas leyes encuentra la paz y la armonía interior. Puede ver en el plan divino una pasión de existir, al igual que las demás criaturas que alaban la creación con sus cantos, perfumes y colores. Se visten de plumajes de colores para impresionar y atraer a sus congéneres; las flores producen los mejores perfumes y elixires que agradan a la abeja y los insectos para que cooperen en su plan de reproducirse y crear más de su especie. Las frutas que produce el árbol contienen los mejores manjares a nuestro gusto y enamoran a los animales para que los consuman y dejen su semilla en otro lado para procrearse. Dota a la propia naturaleza de fluidos y formas de excitar la pasión y el deseo de los contrarios. Esta necesidad surge de su pasión por superar la creación y utilizan estas medidas inteligentes ya que no tienen la habilidad de desplazarse y la misma necesidad las dota de estas habilidades.

Desde que se originó, organiza el universo con sus leyes principales; produce y crea nuevas para cumplir su misión creadora. Lo que la naturaleza destruye lo recompone y repara; genera nuevas formas de la naturaleza destruida. Después del fuego abrasador surge nueva vida y supera a la anterior.

En nuestro cuerpo, armoniza las violaciones de nuestros apetitos y repara los daños que creamos con nuestra violación de las leyes naturales; arropa con nuestra imaginación el total de nuestra expresión, aunque no nos demos cuenta. Penetra cada rincón y dirige sus energías creadoras para establecer la armonía de la enfermedad, que se crea con la inarmonía de su mal uso. Cuando las violaciones a sus leyes son extremas, castiga con rigor y destruye todo lo que se ha creado, violando las leyes sutiles por la libertad de escoger. Nos asombramos de lo que captamos como seres y nos quejamos de lo que sucede a nuestro alrededor, y de que las propias leyes castiguen a los violadores.

Se nos dio la libertad de escoger y violamos las más elementales leyes. En la naturaleza del cosmos aplican las mismas leyes de reorganización. Son nuestras aliadas las leyes que crean armonía y perfección. Pero pueden ser las fuerzas más destructivas si se descontrolan. El viento con su brisa leve nos lleva el elixir de la vida, comparte su esencia con todo lo creado; lo mismo que el fuego, que nos da calor y coopera con nuestra forma de vida y existir. Si su armonía se pierde, sucede como un pensamiento destructivo: arrasa y destruye todo a su paso.

Mer— Ka— Ba

La energía del pensamiento afecta nuestro sistema y nuestro entorno; tal es así que los grandes maestros nos dicen que somos lo que pensamos. Las leyes de la creación son armónicas con las energías del pensamiento. Estas atraen o alejan la paz y el amor de nuestro interior; pueden crear o destruir nuestra propia armonía interna. Los contrarios son parte de la herencia de la imaginación y las leyes que debemos comprender para el mejor existir. Debemos conocerlos y elegir lo que es beneficioso.

Aquel que escoge el mal, lo negativo, sufre sus consecuencias. La creación solo es amable con todo lo que se armoniza con ella, pero no distingue a la hora de destruir. Su pasión por crear nunca se llena por completo y a todo pone un límite de existir. Todo sucumbe para dar paso a la nueva creación.

Todos flaquean ante la belleza, todos aspiran a poseerla, pero el ego los consume cuando se convierten en la envidia de los demás. Si la posees, vigila día y noche para que no vengan los ladrones a robar tu tesoro. Es la balanza la que pone en tu juicio en qué plato poner tu contrapeso. Si lo olvidas, el desequilibrio te arruinará. Aprende a dominar tus pasiones y centra tu atención en medio de la balanza; pesa tus acciones, mide y tolera a lo demás, sé compasivo y amistoso.

Mer— Ka— Ba

Todos perseguimos lo máximo en nuestra vida, buscamos estar mejor, la felicidad, el más puro amor, la exaltación de nuestro ser. Tenemos atributos para lograrlo. La mayoría busca en su interior y logra rasgar en las paredes del tiempo algo de lo que se percibe como superior. Pero por no tener una noción de lo que se busca caen en una encrucijada de conceptos que atan su libertad de pensamiento y su libre escoger. El que descubra el significado de esas realidades internas no debe entregarlas a ningún mortal. Es un tesoro que le pertenece. El día que lo entregue, solo participará de la felicidad de otro y dependerá de ella. En el momento en que deje de pensar o busque su libertad, solo perderá su dependencia de esa fuente. Sé libre, sé tú mismo. Incluso las leyes universales operan con ese mismo principio. Los demás se embarcarán en la búsqueda exterior, en lo material, en amontonar propiedades y cosas que luego desechan porque no los llenan; su ego los domina y son víctimas de sus posesiones.

No habrá hombre que monte dos caballos a la vez, no habrá hombre que tense dos arcos al mismo tiempo. No se puede seguir el rastro de la flecha en el viento, el rastro de la serpiente en la piedra, el rastro del hombre en la mujer. Citas Varias:

Cuando llegues a la madurez de tu conciencia te harás ella misma, te alumbrarás con la luz del propio universo y te harás uno con él y serás tú la propia luz y serás eterno y la materia ya no será necesaria. Dentro de un hombre de luz hay siempre luz, y el mundo se reflejará en él.

XVI — Los egipcios

Los egipcios eran los conocedores de ese secreto de la creación donde Akenatón lego una superior sabiduría a los de su raza. El día que se revelen los secretos egipcios ocultos el mundo se dará cuenta de los conocimientos tan adelantados que poseían en la antigüedad y les otorgarán a los egipcios un papel de reconocimiento a nivel mundial. Ya ha llegado el momento y la historia será testigo de este presagio.

El faraón Akenatón llegó a fundir su ser material con el conocimiento y la intuición clara de percibir las causas divinas del ser humano y el altisimo. Ese mismo conocimiento fue adquirido por muchos discípulos que estuvieron en contacto en las escuelas antiguas. El legado de este faraón que introdujo el concepto del monoteísmo en su tiempo produjo una abundante escuela de enseñanzas que ha sido tratada de borrar de la Tierra por los mismos que adoptaron sus enseñanzas.

Mer— Ka— Ba

El Corpus Hermeticum, el culto al Sol basado en los misterios egipcios, declara Marsilio Ficino, conoció un nuevo esplendor. El sol encarna, en orden descendente, a Dios, la luz divina, la iluminación espiritual y el calor del cuerpo. "Estamos entre dos hornos de emanaciones y Dios emplaza las emanaciones de todo el universo". Según es arriba, es abajo.

Hemos creado instrumentos de medición para múltiples formas de energía que viajan por el espacio; conforman un espectro de todos los elementos que se desplazan a la Tierra. Hombres de todas las ramas del saber, observadores y místicos buscan la forma de darle un conocimiento a la humanidad de las leyes que la afectan. Esta creación está dirigida a fuerzas que percibimos con nuestros cinco sentidos materiales. Se han demostrado las maravillas de esos sistemas de medición. Las escalas musicales nos dan otra noción de estas vibraciones que podemos crear en nuestro plano físico, las que podemos reproducir con conocimiento y dominio personal. Duplicamos vibraciones para usarlas como una manifestación armónica de nuestra percepción de las escalas cósmicas a las que tenemos acceso: la luz, la energía, las emanaciones solares y, más allá de eso, las proyecciones de efluvios cósmicos que alcanzan nuestro planeta.

Mer— Ka— Ba

Los científicos han pasado por alto una ley simple de la naturaleza, que es la creadora de todas estas manifestaciones, y es la necesidad, la pasión de la propia creación. En todo el universo, si algo surge y se manifiesta es porque hay una urgencia de alguna clase en el propio universo para que la materia se reagrupe en lo que se manifiesta físicamente. Hemos llegado hasta el dominio y el conocimiento de la división más infinita de lo que es la materia: el átomo con todos sus componentes. La cohesión de todas sus partes, por leyes de atracción. La separación, por leyes de repulsión. Y una tercera ley las une, que se caracteriza por la armonía de existir la neutralidad, el vacío, el punto medio de encuentro de cualquier energía de armonía cósmica que manifiesta un producto de ese interactuar.

Para que estas energías se manifiesten debe existir, en la misma vibración de materia, una energía superior a todas ellas que les da presencia en el universo. Siendo negativas y positivas, como las hemos catalogado, deben obedecer a una tercera fuerza que las obligue o las armonice a manifestarse y crear. La imaginación reagrupa estas energías y les da forma antes de que se materialicen en el plano físico. Esa es una fuerza que solo existe en la mente divina y la del ser y la propia naturaleza a nivel cósmico universal. Un impulso interno que debe estar plagado de impulsos de energía de la cualidad que sea y que armoniza dentro de nuestra mente subconsciente y luego la pare hacia la fase consciente, donde los impulsos de elaborar esa creación nos llena de una inmensa satisfacción. Tan grande es que mueve una economía mundial a todos los niveles que se pueda imaginar el ser humano.

Debemos tener presentes que cuando se habla del ser en sentido de expresión debe entenderse Dios padre-madre, hombre-mujer actuando al unísono, y el Gran Padre y la Gran Madre surgen como atributos del propio Dios. Son elementos de la percepción de las antiguas culturas que estaban más cerca de la verdadera manifestación de la creación, que se ha perdido en las marañas del tiempo.

Se trata de una inteligencia natural que ordena todo lo que existe y actúa desde su forma más simple o complicada de expresión, que siendo parte de lo que somos la podemos percibir aun formando parte de nosotros y del universo, porque somos ella y nos proyectamos en energía hacia la fuente que nos dota de las características que surgen físicamente en el plano material.
Utilizamos una fuerza sutil de atracción, un imán o fuerza estática para que esa energía esté presente en este plano y se manifieste por períodos de tiempo. Debe existir un vacío de esta en algún lugar en el universo, con todos los atributos, que logre por

atracción descender hacia la reacción material y espiritual, que luego de existir por períodos de manifestación de lo creado en este plano debe regresar a su forma original. Las energías de la materia se incorporan al reino material y las del alma, a la sublime materia del alma de la creación.

La madurez del alma
Ha sido desde el principio de los tiempos un conocimiento al que solo pocos han logrado acceder. Un secreto de miles de formas de describir veladamente por los que lograron imbuirse de ese eslabón del alma con la conciencia del Padre Creador. Se sabe con certeza que se trata de un lugar donde el alma asciende y que se sube por un túnel de luz y al bajar de regreso se torna en un túnel oscuro. Esta experiencia la cuentan muchos seres humanos que han pasado por un proceso de resurrección personal. Personalmente conozco una humilde persona que pasó por esa experiencia y de esa forma sabe Dios cuántos millares de personas han tenido las mismas experiencias que no logran explicar y que guardan en lo más recóndito de su alma, porque la incomprensión les asusta y no se atreven a declarar. La madurez del alma es la propia experiencia de la evolución. Muchas veces tenemos experiencias que no están datadas en ningún curso o manual para la comprensión de los demás. El entrar en un fenómeno desconocido nos deja más que sorprendidos, nos

asusta por las convicciones que arrastramos en el diario vivir. El estar rodeado de seres humanos que tienen conceptos formados, muchas veces nos empuja a solidarizarnos con ideales de grupo. Esto nos da una seguridad de que todo lo que es aceptado por un grupo, esta bien y es aceptado. El mero hecho de que algo fuera de este cumulo de conceptos suceda, es algo que nos alejaría de las masas y sus creencias. La actitud más aceptada es descartar la experiencia por mejor que nos parezca y no enajenarnos con lo generalmente aceptado este correcto o no. Un alto porciento de los seres no posee un conocimiento o preparación para entrar en controversias con sus vecino y llegados. De entrada el acceso a temas tabúes es vedado y criticado fuertemente por aquellos que se proclaman defensores de la verdad. La naturaleza de crear nuevas fuentes de saber o de construir algo diferente y hacerlo aceptable a los demás es una empresa que requiere un esfuerzo enorme. El solo traer de la imaginación o el campo de las ideas a la realidad algo nuevo requiere de la inversión de grandes energías, el destruir lo que ya se ha hecho es un esfuerzo desorganizado que no contempla un ideal ni tiene un fin organizado, por eso es que destruir es muy sencillo, construir requiere de una gran inversión de imaginación. Es parir una idea de la conciencia a la realidad.

Mer— Ka— Ba

La resurrección:

Nota: — Este es un término como el de reencarnación que se utiliza para catalogar un fenómeno que se repite bajo ciertas circunstancias, que por lo general tiene unas características definidas. Se usaba por los antiguos estudiosos y filósofos. De un parte a este tiempo su forma de aplicación se desvió para cubrir un concepto equivocado.

Según la forma de utilizarlo por los que lo catalogaron es la forma de una energía desprenderse de una entidad física por un periodo corto de tiempo y esta energía ser atraída o devuelta a su fuente de origen por voluntad o revertida La luz: por la misma ley que la hace desprenderse de la materia. Analizar una cuestión como esta sería preguntar adónde va la luz cuando se apaga. Un interruptor de corriente es el mecanismo que separa una reacción de la otra. Solo logramos que su manifestación temporal deje de fluir, pero la energía sigue latente hasta que se acciona de nuevo el interruptor. No importa las veces que se haga, la energía se manifestará. Se proyectará a la capacidad para la que ha sido regulada. Tenemos en la bombilla un ejemplo que se compara con este fenómeno.

Una vez que la vida útil de la bombilla llega, su masa material debe sustituirse por otra. En ese lapso de tiempo que toma el cambio, la energía sigue latente hasta que un nuevo cuerpo toma la presencia del anterior. En la creación es un cumulo de energías infinitas que se puede tomar como ejemplo este de la electricidad y que tiene la capacidad de que de ella se pueden manifestar tantas criaturas sin limitar su capacidad de manifestarse.

Lo mismo en la capacidad eléctrica en una sola fuente se puede conectar millares de bombillas. Estas son leyes que el hombre puede controlar y canalizar con su conocimiento, pero no puede crear ni destruir la energía; solo hacer que se manifieste y le sea de utilidad. Es una comparación clara para que se tenga una mejor idea de lo que es la creación de los seres.

Las declaraciones de leyes espirituales son derivados de mis experiencias personales, al estar en conocimiento de leyes místicas adquiridas como estudiante de ("AMORC") Antigua y Mística Orden de la Rosa y de la Cruz.

La única institución que existe a nivel mundial como escuela de Iniciación.
Por la creación podemos entender lo que se nos comunica: que el agua, el aire, la energía y la tierra o material de la tierra, como los elementos que la componen, tales como las sales y aceites de la materia, deben estar presentes para que esa

combinación de materiales sea la que haga posible la emanación del ser material.

Pero sucede que una cualidad que surge de la unión de estas materias requiere las vibraciones del espíritu o fuerza de cohesión de las demás materias para que se mantengan unidas y formen una entidad corpórea. Por los milenios de progreso surge otra fuerza que se une a las primarias y ejerce una función de crear y de tomar control de las anteriores. Los atributos de armonía de esta es la fuerza que al entrar en contacto con ellas las dota de una cualidad superior de manifestación y las separa de otras formas que no pueden acceder a esa fuente única.

Cuando surge el ser humano de la creación, que es capaz de expresar el Reino del Padre en su interior, se conoce que su destino es proyectar la divina herencia espiritual que lo acompañará durante su período de existencia en este plano terrenal. Una ves se desprenda de ese cuerpo material se unirá de nuevo y se diluirá en alguna voluta de energía que se regenerara hasta que se atraída de nuevo a este plano terrenal.

El místico que conoce las leyes de la creación sabe que una vez que el alma se desprende del cuerpo, las tinieblas, que están siempre presentes, ocupan el lugar de la luz interior y la materia se proyecta en otra dimensión, al igual que las vibraciones de lo que fueron los atributos del alma. El misterio de la

Mer— Ka— Ba

integración del alma o energías sutiles que se desprenden del cuerpo no pierde sus cualidades ni se desvanecen como es la creencia habitual.

Existe un plano de contención de estas energías al que el alma-personalidad tiene acceso. Se llama cielo, cosmos o el nombre que se le asigne. Los seres que se preparan en ese aspecto pueden conscientemente ingresar en este ámbito o dimensión de la creación divina y habitar por los períodos de regeneración para volver a este plano de expresión como un nuevo ser viviente, un niño nuevo con un alma nueva, un nuevo ser viviente. La reencarnación, ese es el legado del Padre Creador y las enseñanzas del maestro Jesús anunciadas en los Evangelios de Tomás y Felipe.

De este actuar surge una tasa vibratoria más sutil que eleva la vibración de esa masa corpórea; surgen las leyes de atracción y repulsión y el magnetismo en el ser. Esto es lo que mantiene el universo en continuo movimiento, a la vez emanando nuevas manifestaciones que ocuparán los espacios y crearán su entorno de existencia. Si alguien imagina las otras formas que se manifiestan de diferentes especies, cada una vibra a su capacidad de atraer de la fuente primaria las energías que complementan su forma de expresión particular. Solo el ser humano tiene la capacidad de realizar un mundo superior donde las leyes divinas de Dios se armonizan con su alma-conciencia.

La atracción y la repulsión son dos cualidades que actúan y una tercera fuerza se manifiesta de la armonía entre dos fuerzas contrarias y surge lo que se llama el amor. Para que se entienda, es una ley que rige las energías donde se mantiene una neutralidad que armoniza las fuerzas. La armonía o equilibrio de estas es lo que nosotros llamamos el amor o la unión de la una con la otra, sin mezclarse totalmente. La fuerza que reúne a odas las fuerzas dentro de un pequeño universo como en el gran universo. Sobre todo esto se manifestó una fuerza que vibró como una emanación que surge como una voluta o esfera cósmica —efluvio o emanación— de las fuerzas que interactuaban con las anteriores. Es ahí donde, por el interactuar de todas estas leyes básicas de la creación, surge una dimensión única y verdadera del ser. Al mencionar el ser es la paradoja más amplia de la creación, la emanación de Dios.

El ser

Una voluta tridimensional de vibraciones se agrupa, envolviendo energías de materia primitiva en el ser. Al entrar en contacto con materia vacía de su contenido, realizan una combinación que les da una fuerza definida (Cohesión) y pone en movimiento las

Mer—Ka—Ba

Demás materias. De esta combinación surge una dependencia. El núcleo que se crea seguirá existiendo mientras tenga acceso a estas energías cósmicas. Es como una cuarta dimensión, donde la empatía crea un mundo donde el ser no puede penetrar; solo sus dotes afloran y comparten sin mezclarse una radiación de inteligencia para que se pueda interactuar con ellas sin lograr atraerla por completo a nuestra dimensión de manifestación conocida.
Lo acabo de demostrarlo con las citas de la Dra. Kristen Neiling expuestas en este escrito.
Una emoción indescriptible que parece abarcarlo todo se nos proyecta, y no podemos penetrarla, pero se nos muestra y captamos su existencia.

El cerebro
Los componentes de sus átomos son los que entran en ese pequeño universo de reacciones físicas. De estas fusiones surge el vaho de materia sutil que le da las propiedades materiales a todo lo que existe. Lo que llamamos mente consciente en el ser es el atributo de esa energía, en el ser es el darse cuenta de su realización. Nos da la capacidad de darnos cuenta del movimiento, las dimensiones tiempo y espacio, y un conocimiento intuitivo de su contenido, pues somos ella misma.
Surge una dimensión en alguna parte de la creación, ya sea en nuestro interior o fuera de nosotros, donde estas combinaciones son atraídas después de creadas.

Mer— Ka— Ba

Surge un diccionario cósmico de nuestras relaciones y emociones. Asumimos un control para expresar emociones y describirlas como leyes de principio. De la misma forma que se mantiene esta reacción y combinación de energías cuando el ser deja de vibrar en su cuerpo material.
Estas se reintegran a la parte cósmica de donde surgieron, y la riqueza en maduración emocional forma parte del alma o sustancia universal.

Las pruebas científicas presentadas y todos los datos imaginarios de los procesos internos, coagulan un panorama mental de como surgió el ser humano sobre la tierra. Sus atributos espirituales y una noción más abarcadora de los conceptos que no se han dado a conocer abiertamente a los seres humanos.

Espero haber llenado un espacio en el saber que tanta falta hace, para la libertad espiritual y la armonía de las razas que es el último escalón hacia la paz mundial y la comprensión interior de lo que somos. Para que mi hermano Jesus que inspiro este, sea liberado de la cruz que le han impuesto.

Junio 22, de 2012

Mer— Ka— Ba

Registro original de los documentos de esta serie:

Original Registrado Julio 7, 2010 TXu 1-728-587
Biblioteca del Congreso"USA"

Gaspar (Edwin) Pagan Chévere
ISBN 13: 978-0659152615

www.ingramcontent.com/pod-product-compliance
Lightning Source LLC
Chambersburg PA
CBHW061651040426
42446CB00010B/1689